风险管理概论

李太斌 著

CNS PUBLISHING & MEDIA
湖南人民出版社

目录

序

当前我国正处于一个大有可为的历史机遇期，发展形势总体是好的，大局是稳定的。但我们面临的风险也是多方面的，有外部风险，也有内部风险；有一般风险，也有重大风险。重大风险既包括国内的经济、政治、意识形态、社会风险，以及来自自然界的风险，也包括国际经济、政治、军事风险等。特别是要看到，各种威胁和挑战联动效应明显，各种矛盾风险挑战源、各类矛盾风险挑战点相互交织、相互作用。如果发生重大风险又扛不住，国家安全就可能面临重大威胁，实现中华民族伟大复兴的进程就可能迟滞或被迫中断。习近平总书记指出，前进的道路不可能一帆风顺，越是前景光明，越是要增强忧患意识，做到居安思危，全面认识和有力应对一些重大风险挑战。必须把防控风险摆在突出位置，着力破解各种矛盾和问题，力争不出现重大风险或积极主动去防范风险，确保在出现重大风险时扛得住、过得去。防范化解重大风险，是各级党委、政府和领导干部的政治职责。要敢于担当、敢于斗争，把防范化解重大风险工作做实做细做好，决不让小风险演化为大风险，不让个别风险演化为综合风险，不让局部风险演化为区域性风险或系统性风险，不让经济风险演化为社会政治风险，不让国际风险演化为国内风险。

“明者防祸于未萌，智者图患于将来。”预判风险所在是防范风险的前提，把握风险走向是谋求战略主动的关键。要加强战略预判和风险预警，见微知著、未雨绸缪，力争把风险化解在源头，防止各种风险传导、叠加、演变、升级。提高风险化解能力，透过复杂现象把握本质，抓住要害，找准原因，果断决策，善于引导群众、组织群众，善于整合各方力量、科学排兵布阵，有效予以处理。完善风险防控机制，建立健全风险研判机制、决策风险评估机制、风险防控协调机制、风险防控责任机制，主动加强协调配合，坚持一级抓一级、层层抓落实。

新时代面临新情况和新问题，如何认识、预判、评价、处置各种风险，给大家带来了新的压力和要求。本书着重提出有关风险管理的思维、概念，着力培养、提升风险管理思维能力，提高化解、防控各种风险的思想认识水平和实际操作能力，利用风险管理思维，解决人与人、需求结果、言行、生存环境、冲突等方面的矛盾和风险。对此，作者根据辩证法、历史分析法、案例实证法和亲身工作经历，对各种风险进行深入观察和分析。从风险管理系统的要素方面，介绍了主体、客体和对象风险；从主体载体的风险角度，探讨了目标、价值、利益和结果风险；从客体风险的基本类型角度，考察了自然风险、经济风险、政治风险和文化风险的内在关系；从决策、组织、指挥、行动和监督风险五方面，阐述了风险管理行为的差异性和重要性；以社会行为规范为视角，分析了道德风险、制度风险、权力风险和法律风险的现实意义；从国家和社会治理的层面，论述了民生、社会事件、民族矛盾、舆论、战争和国际风险。

本书作者从方法论的高度，深刻地认识到风险的两面性，采用矛盾论的对立统一思想，具体分析了风险与风险管理有益的一面，有效论证其存在的必要性；阐述了价值与风险、利益与风险间的辩证关系。在论证上，运用了归纳和演绎的逻辑思维方法，通过案例分析，发现其中的共性，从而归纳出风险管理的规律与方法，将各种哲学的一般原理运用到风险管理中，达到提出问题、分析问题、解决问题的目的。在交织运用归纳和演绎法的过程中，实现从个别到一般，又从一般到个别，循环往复，步步加深对风险管理的认识。以上科学逻辑思维方法的正确运用，提高了本书的科学性与可读性。

全书分为上、下两篇，在《上篇·总论》中，主要围绕风险管理的基本概念、风险管理的思维模式等基础理论展开论述。具体如下：

第一章，构建风险管理的必要性和价值。本章从管理主体的多样性、管理客体的复杂性、管理过程的不确定性、管理本体的不稳定性、外界因素对管理的制约性等方面分析了风险管理的必要性。认为风险管理的价值和意义主要包括树立忧患意识、培育大局意识、实现量变和质变的统一、实现矛盾的对立统一、理性对待存在的危机感、提高思维方法的维度和深度、认识稳定的时效性和风险的长期性、寻找并践行实用主义、通向人生成功的天桥。

第二章，风险管理的概念、种类和范围。本章主要阐述什么是风险管理，风险管理的特点、种类和范围是什么。风险管理是主体对于在管理过程中出现的风险因素进行客观理性分析，判断和控制风险，最大限度降低风险程度的科学有效的一种思维方法。本章按照风险管理的要素、类型、行为过程、社会行为规范、危险状态等进行分类，界定了各类风险的范畴。

第三章，风险管理时段。主体在管理过程中因每个时间段的发展情况不同而会面临不同的风险。本章考察的风险管理时段，主要分为前期、中期和后期三个阶段，意在让主体有一个清醒的认识，知道如何处置每个时段中可能或者已经出现的风险；通过认识风险管理时段，达到认识管理本身带来的不利因素，让主体的管理活动安全有序。

第四章，风险管理处置思路与途径。本章解决的主要问题是当风险管理已经存在或者即将发生时，主体用什么样的思路去认识和了解风险管理，主体要形成一种什么样的既合理又符合客观规律的思维模式；把风险管理解决的思路分为五种：一是危害最小化，二是利益最大化，三是方式方法实用，四是辩证统一，五是价值序列化。

《下篇·分论》主要针对具体的风险类型来展开论述，具体阐述如何预判、评价、处置各种风险，主要内容包括：

第一章，风险管理系统的三要素。风险管理系统中，涉及的构成要素主要包括主体风险、客体风险和对象风险三个方面。本章主要介绍主体风险、客体风险与对象风险，并深刻阐述风险管理过程中，主体风险即“谁来管理风险”，客体风险即“风险源于何处”，对象风险即“风险影响到谁”。

第二章，主体的载体风险类型及其处置。主体风险主要是通过目标、价值、利益等来承载。不同的风险载体因其自身固有的社会属性，引发和产生了形态各异的矛盾和冲突，对主体的影响也各不相同，因此需要从其社会属性出发，寻求相应的处置手段。本章主要介绍主体在面对其设定的目标、追求的价值、追逐的利益、期望的结果等受到不利冲击时，该如何去考察和分析它们固有的风险因素，分析它们带来的负面影响，以及如何处置。

第三章，客体风险的基本类型及其处置。风险主要源于自然、经济、政治和文化等系统，这构成了客体风险的基本类型。本章考察自然风险，试图解决“人在自然中的生存和发展”的问题，考察经济风险、政治风险和文化风险，试图解决“人在社会（人）中的生存和发展”的问题。

第四章，管理过程的风险类型及其处置。管理行为的多样性和直接性，引发了管理行为的风险因素。决策、组织、指挥、行动和监督是管理过程中的五个重要步骤。由此，管理行为风险包括决策风险、组织风险、指挥风险、行动风险和监督风险五个方面。本章具体分析了管理过程的五种风险的主要影响因素，以及如何处置等问题。

第五章，行为规范的风险类型及其处置。道德、制度、权力和法律是社会治理的构成性要素，它们均起到指导、规范和调整社会公共秩序的重要作用，影响着社会（国家）治理的各个维度。

第六章，国家和社会治理的风险类型及其处置。世界正处于大发展大变革大调整时期，和平与发展仍然是时代主题，国内外各种矛盾纷繁复杂，层出不穷。本章为主体高瞻远瞩，练就一双火眼金睛，从整体上把握国内外的主要风险，理性观察、思考和处置各种社会矛盾冲突，提供了一份简洁明了的路线图。

第七章，安全风险与风险管理悖论。安全是处置各类风险应当保证的最基本的红线，也是应当坚守的基本原则。抛弃安全去谈论风险，本身就是非常危险的思想意识和行为状态。本章辩证地分析了安全与风险之间的关系，探讨了安全风险的根源是什么，并进一步考察和分析了超出常识的风险管理悖论。

湖南第一师范学院副校长、教授、博士生导师：

第一章

…

构建风险管理的必要性和价值

第一节　研究目的

一般来说，风险管理是指企业经营、金融、工程和医疗等领域的经营管理，其侧重点是实体管理。尤其是企业经营管理，目的是达到正常经营，实现可得利益。由此看来，风险管理通常的理解即如何避免经营管理危机，确保企业生产经营正常进行，实现利润最大化。

对于企业经营管理的研究，在国内外都有众多的理论与实践探讨，成绩卓著。本书考察的风险管理，是指主体在管理过程中，当可能发生或已经发生风险时，如何化解风险，让事物实现正常运转，由此树立一种认识风险、管理风险的思维理念。它是一种思维方法，是以揭示事物风险因素的本质和规律为目的来进行观察和分析的理性认识方法。思维方法是主体观念地把握客体的一种认识工具系统。个人对自身的管理，即用风险管理的思维理念来调整评价指导自身的思维行动。对组织来说，它包括企业团体和政党团体。企业团体主要是管理企业，以实现企业利润的最大化；政党团体是维护政党组织的有序管理。也就是说，本书观察风险管理的目的，是通过对风险管理各方面的考察和分析，找到一种与众不同的风险思维模式和风险思维方法，以期用风险思维方法来解决实践中的困难和问题，尽量避免管理危机。《共产党宣言》开篇写道：一个幽灵，共产主义的幽灵，在欧洲游荡。为了对这个幽灵进行神圣的围剿，旧欧洲的一切势力，教皇和沙皇、梅特涅和基佐、法国的激进派和德国的警察，都联合起来了。[①]共产党是马克思和恩格斯在欧洲共同创立的新生组织，其目标是推翻资产阶级，建立无产阶级统治，消灭以阶级对立为基础的资产阶级旧社会，建立没有阶级、没有私有制的新社会[②]。在1917年11月发生的俄国十月革命中，由列宁领导的布尔什维克（俄文“多数派”的音译）推翻资产阶级临时政府，建立了新生的苏维埃政权。1921年7月，中国共产党成立。在中国共产党的带领下，通过不断的斗争，1949年10月1日，伟大的中华人民共和国诞生。共产党的产生、发展和壮大的过程就蕴含着组织风险管理的内容。早期共产党在欧洲受到了排斥、打击和围猎，后来又为什么能够越挫越勇？原因之一在于共产党对自身风险和其他伴生风险的正确认识和科学管理。

风险管理作为一种思维理念，如何进行考察、分析和运用？古人说，居安思危。居安思危的目的是“安”，重点对象是“危”，手段和途径是“思”，即是一种严谨认真思考的思维理念和思维方法。1991年12月，布尔什维克建立的苏联政权，一夜之间倒塌，其原因

① 马克思、恩格斯著，《共产党宣言》，中共中央马克思恩格斯列宁斯大林著作编译局编译，北京：人民出版社2014年版，第26页。

② 马克思、恩格斯著，《共产党宣言》，中共中央马克思恩格斯列宁斯大林著作编译局编译，北京：人民出版社2014年版，第138页。

是什么？其根源是什么？从史料来看，其根源就是苏联掌权的布尔什维克，特别是少数上层掌权者缺乏居安思危的忧患意识，缺乏风险管理的思维理念。他们以为布尔什维克掌握了政权，统领了社会，已经高枕无忧了，整天沉醉在歌舞升平中，总是认为国家和社会管理是良性的，组织强大无比，没有任何风险可言，所以他们没有风险管理的意识。此处风险管理的结果是什么？就是当时执政的苏共丧失了广大人民群众的信任和支持，大大削弱了执政根基。通过对苏联解体的观察和分析，得出的结论是：一个政府、一个政党、一个组织乃至个人完全有必要引入风险管理思维理念和方法。

作为企业来说，如果没有风险管理的意识和制度，那么这个企业必将被市场经济所淘汰。比如 2008 年暴发的三鹿奶粉事件：石家庄三鹿集团股份有限公司一度成为中国最大的奶粉制造商，三鹿奶粉产销量连续 15 年荣居中国第一。2008 年 7 月，全国多地出现“结石宝宝”，8 月，在三鹿奶粉中检测出三聚氰胺成分，此后该公司信誉急剧下降，产品滞销。2009 年 2 月 12 日，石家庄市中级人民法院正式宣布三鹿集团破产。为什么从 2009 年以后三鹿奶粉就销声匿迹了呢？为什么昔日几十亿价值的品牌今日变得一文不值呢？经查看相关资料，发现主要的原因就在于其管理人员特别是包括董事长在内的高层管理人员缺乏风险管理的意识。他们盲目地扩大再生产，盲目地投资，盲目地和其他企业合作，对贴牌生产的合作企业监管不严。从风险管理的角度进行分析，其主要问题表现为：一是企业醉心于规模扩张，高层管理人员风险意识淡薄，以为企业越大越好，采取滚雪球的模式盲目发展，对企业未来的发展没有一个正确的评判，在企业决策方面出现重大失误或过错；二是对产品质量，也就是对象风险，没有实行有效的监控；三是缺乏对婴幼儿健康安全等各种风险的预测，最终导致三鹿集团走向破产。

马云带领的阿里巴巴，就引入了风险管理，尤其是非常注意加强风险管理中的主体风险管理。关于主体风险管理，简言之，就是评判哪些人能参加，哪些人不能参加，哪些人能够进来，哪些人需要出去，进来的人要能够给企业带来活力，减少主体风险。人是一切活动的根本，一件事成功与失败主要在于参与者的素质高低和决策正误。阿里巴巴成功的首要方面就是控制好了主体风险，比如 2012 年实行中高层大轮岗和招聘人员降到 200 人[①]。其次是做好了目标风险管理，就是明确对企业的定位，阿里巴巴以电子商务生态系统改写了传统的贸易和消费理念。最后，阿里巴巴还成功控制了社会事件风险：互联网是舆论的前沿阵地，是二十一世纪社会事件酝酿、发酵和蔓延的温床。当淘宝贪腐事件暴发时，阿里巴巴没有退缩，没有遮遮掩掩，而是及时处置，及时公开事件真相，大大降低了社会事件引发的舆论风险。这是企业运用风险管理的成功典型案例。

---

① 阿里巴巴集团编著，《马云内部讲话 2》，北京：红旗出版社 2013 年版，第 221 页。

作为个人来说，如果树立和引用风险管理的思维理念和思维方法，那么他就有事先预判的思维能力，就能够最大限度地维护自身利益，尽可能减少或避免利益受损。如果个人疏忽或者缺乏风险管理的意识，那么他的人生有很大可能是碌碌无为的。比如袁世凯复辟称帝。袁世凯没有一点风险意识。首先，他不知道当时全国上下飘扬着辛亥革命的红旗，大江南北传播着自由平等博爱的民主思想；他不知道共和制这种政权形式已经在民众中间生根开花。由于缺乏自身的风险管理意识特别是目标风险意识，在对国家政权是采取总统制、君主立宪制还是君主专制的判断上，袁世凯一意孤行，抛弃了自由平等博爱的民主价值观，抛弃了民主共和的政治管理体系，执意称帝。结果他只做了 83 天皇帝，便一命呜呼。其次，他忽视了风险管理中的国际风险。每一个人都不是独立封闭的王国，而是生活在社会的大家庭中，生活在社会事件中，生活在国际潮流中。清朝的覆灭，封建专制制度的灭亡，不仅是中国国内的大事情，也是国际大事件。民主共和的思想已经深入人心，大家希望当时的中华民国实行共和制，而袁世凯逆历史潮流而动，最终导致失败。

风险管理对个人和组织来说，其价值是明显的，其意义是重大的。

第二节　构建风险管理的必要性

风险管理的必要性主要来源于风险管理因素的现实性。这些因素对于风险管理将会带来哪些危害呢？主体通过了解和把握这些不稳定的因素，实现趋利避害，以化解风险因素，形成既定的、正确的、符合客观规律的思维方法。为什么要构建风险管理呢？以下将从五个方面来分析：一是管理主体的多样性；二是管理客体的复杂性；三是管理过程的不确定性；四是管理本体的不稳定性；五是自身和外界因素对管理的制约性。

管理主体的多样性。管理者在管理过程中，首先体现的是管理主体的多样性。管理主体是指管理者，包括个人和组织。由于国别、民族、历史、性别、文化、知识结构等的区别，造成个人的多样性。人的多样性决定人的思维模式不同，决定人的价值观念不同，决定人的思考路径不同。个人受到知识结构、传统文化和社会阅历的影响，也就是说每一个人有每一个人的思想，有每一个人的方案，有每一个人的行动。由于每一个人的思想不同，他所产生的思维方式也是不同的。组织分为经济组织和社会组织。从经济组织来说，主要体现为个人之间的合伙经营，或者是个人和企业之间的合伙，或者是企业与企业之间的合伙。由于个人的思想不同，管理企业的理念也就不同。每个企业的经营理念不同，经营思路也就不同，由此体现出经济组织的多样性。对于社会组织来说，它也具有多样性，在形式上主要表现为政党、协会、研究会等。比如消费者协会，它是一个社团组织，一方面，它的管理成员中有政府工作人员，享有政府的部分组织管理权力；另一方面，它的参加者涉及面非常广泛，来自各行各业，包括国有企业、集体企业和私人企业，又有社会各界人士，还有社会舆论媒体等。不难看出，因为每一个人的价值观念不同、想法不同、动机不同和利益倾向不同，会形成一个新的管理思维体系。也就是说，每一个人的想法不同，因此会形成不同的价值观念。这种价值观念又影响着组织自身发展的主要思想。总结来说，即不同的管理思维方式形成不同的管理方向。

管理客体的复杂性。管理客体的复杂性主要体现为管理对象所涉及的社会关系的广泛性和复杂性。管理客体是管理者在管理过程中形成的社会关系，社会关系具有多样性。对于个体而言，管理客体就是他要实现的目标，或是他要获取的利益，而这些目标和利益都可能具有复杂性；对于团体而言，是要通过传播自己团体的价值理念，以获取更多的团体组织力量，从而实现团体意志。另一方面，社会关系的具体形式表现为管理对象，管理对象是管理客体的指向事物。对企业来说，企业的目标和企业的章程就是它的管理客体，管理对象是企业经营的特定产品。比如中联重科是国有企业，它要实现的目标就是将工程机械产品推销到国内国外的各个市场，扩大市场的占有率。还如中车公司，现在中国高铁在国际上是一流的，中车公司的管理客体是高速铁路列车，管理对象是参与高速铁路车辆生产的一切产品和人。

管理过程的不确定性。管理过程的不确定性体现在管理行为本身的不确定。每一次管理都是一次新的实践，每一次管理都是一次新的旅程。任何一次新的管理并非旧的管理的复制或重复，并没有绝对的可照搬照抄的经验和路径。管理客体的复杂性是导致管理过程风险的主要因素。同时，管理过程的不确定性还体现在人的意志因素上，管理是将人的意志付诸行动，但人的复杂性和多样性，也就会导致管理过程的不确定性。

管理本体的不稳定性。管理是一种过程，是以看得见的形式体现管理本体的不确定性。管理本体是什么，它是管理自身的内在因素。管理是一项复杂的活动，个体对于自身的管理是很复杂的，比如个人管理自己即是一项很复杂的、系统的管理活动。事实上，一个能够自控的人是坚强的，其管理的本体是坚定的。就个体来说，因为个人管理本体的可变和脆弱，个人对自身的管理也就存在很大的风险。对组织来讲，政党的组织目标形成后，在具体的实施过程中，内在的管理就会呈现出非常复杂的一面。简而言之，就是因为这种共体的个性化，很难实现共体的一致性。每个人的思想、每个团体的思想要形成共识，并付诸实施，实现共性的一致性，这是非常困难的，这也是由管理本体的不确定性造成的。

自身和外界因素对管理的制约性。自身因素是哪些？自身因素，从个体来讲，包括健康与否、知识的结构、人生观的态度、价值观的取舍，以及个体对于人生的认识等因素，不同的自身因素都会对自身管理造成很大的风险。比如人的健康，当一个人在人生旅途一帆风顺时，突然间患病，他机体的某个器官衰竭或者损坏，此时他对自身的管理，对自己的人生目标是很难实现的，因为人的精力是有限的，一个不健康的个体，一个生理或者心理不健康或残缺的人，一般来说更难实现自己的人生目标和人生价值，更难在事业上取得成功。又比如现在是互联网时代，二十一世纪的今天，不管是年轻人、中年人还是老年人，假如他逃离躲避互联网，那么他必将被互联网时代抛弃，就会变成井底青蛙，故步自封，最终很难实现自己更高更宏伟的人生目标。

外界因素主要体现为国际因素、国内因素、社会事件和其他重要事件。这些外界因素都会给管理活动带来或这或那的制约和影响。外界因素对管理造成的不确定性中，国际环境有着很大的影响。国际环境的影响主要体现在国际事件对他国所造成的影响。个人和组织不是生活在一个早已划定的圈圈里，谁也不可能躲进山洞里独自生活。一名 26 岁的突尼斯年轻大学生布瓦吉吉找不到工作，成为一名小贩，走上街头卖水果，一天赚不到什么钱，生活捉襟见肘。2010 年 12 月 17 日，一名女警指责布瓦吉吉非法摆卖，将他的手推车和全部货品没收，令他血本无归。不知何故，女警还掴了他一巴掌，并往他脸上吐口水。布瓦吉吉感到无比屈辱，十分气愤，于是气冲冲到市政府投诉，但都没人理会，反而给他白眼。同日上午11点半，布瓦吉吉有感尊严受挫，失去了所有的生活依靠，前途茫茫。他绝望地拿起一罐易燃液体，返回市政府大楼门前，做出终极的控诉。布瓦吉吉变成一个火人，就是这把火，烧出了老百姓积压良久的冤屈，愤怒如火山喷发。2011年1月4日，布瓦吉吉抢救无效死亡，走完了短短的坎坷人生。怒火，就这样燃烧整个突尼斯，接着革命爆发。布瓦吉吉的自焚不是偶然的事件，这暴露出突尼斯严重的经济失衡，人民生活艰苦，同时也暴露了独裁者本·阿里统治下，贪官污吏横行及社会的不公正。一场外界称为“茉莉花革命”的运动，由此蔓延整个阿拉伯世界。这就是震惊世界的突尼斯小商贩自焚事件，它不但直接导致执政23年的突尼斯总统本·阿里倒台，还间接导致2011年3月邻国利比亚广大群众为抗议该国总统卡扎菲的暴政而进行大范围的示威抗议，又加上外国的侵入，最终将利比亚总统卡扎菲推向了坟墓。由此可见，突尼斯小商贩自焚事件所造成的国际环境，对利比亚前总统卡扎菲领导的政党和管理的政府，带来了巨大的国内和国际风险，同时，法国和美国等国又以推翻利比亚暴政、保护民主自由为借口大肆对该国进行打击，企图从中获取巨大的利益。

我们不但不能与世界相隔离，更不能与祖国相分离。人生活在祖国的大家庭中，需要热爱自己的祖国，要永远和祖国的利益紧紧地结合在一起。当然，国内环境会直接影响到个人的生活和发展，影响到组织的生存和发展。世界潮流，浩浩荡荡，顺之者昌，逆之者亡。不管是凡夫俗子还是英雄伟人，不管是有思想有作为、正在奋斗的勇士还是平凡的芸芸众生，不管是即将起航的小企业还是名满天下的跨国企业，都离不开国内环境的影响。三一重工为什么能走到今天？梁稳根作为三一重工的开创者，首先抓住的是国内环境。国内环境是什么？是改革开放。他从国有企业下岗后成立了私企，特别是 1992 年提出了双向策略，一是进军大城市，二是进军工程机械行业。企业开始做的是小工业产品，后来他从娄底涟源转到长沙，开阔视野，转变小打小闹的小工业产品生产，走工程机械生产的道路。改革开放中的基础设施、城镇建设，雨后春笋般蓬勃发展，重型工程机械供不应求，短短几年的发展就让三一重工走上了工程机械行业的大舞台。他的转型虽然面临着各种很大的管理风险，但他坚定目标，抓住了良机。就当前而言，三一重工的突起和业绩得益于改革开放的国内环境。

社会事件对管理者的管理造成的风险也是很大的。突尼斯小商贩自焚事件，对突尼斯来说就是一个社会事件。社会事件对管理者、管理客体和管理过程造成的风险主要体现在它改变了既定的管理理念，也就是说原先已经确定的管理理念有可能顷刻之间因某一次社会事件的发生而产生变化，这必须引起高度重视。社会事件是管理风险当中不容忽视的一个主要因素。比如 1840 年清政府实施禁烟政策，林则徐在虎门销烟，这震惊中外的虎门销烟事件，引发了巨大的国内和国际风险。国内方面，道光皇帝昏聩无能，罢了林则徐的官职，并将他遣戍新疆伊犁，严重打击了爱国勇士的信心和斗志，伤害了士大夫为清政府服务的情感。国际方面，直接导致中英鸦片战争，鸦片战争失败后清政府被迫签订了丧权辱国的《南京条约》。在处理虎门销烟这一巨大社会事件的过程中，因为道光皇帝没有对英国可能因虎门销烟事件而产生的政治、军事、外交的反应，预先采取防范措施，因为清政府打击和伤害了敢于抗击外国势力的民族英雄，因为清王朝故步自封、花钱买平安、息事宁人的懦弱思想，最终导致了全国上下人心离散、管理混乱和民不聊生的国内危机，最终导致了中国陷入半殖民地半封建社会的危机。这就是社会事件对管理过程造成的不确定性。

自然事件是不以人的意志为转移而发生的天气等自然因素所形成的现象。个人在自然事件来临时，是非常渺小的。一个组织、一个政府在自然事件来临时，可以动用一定的资源进行合理的风险躲避。管理得好，则该政府必将迎来新的光明；管理得不好，不引起重视，必然导致政府组织纷纷离散。个人在自然事件来临之时，要及时躲避风险。比如 2008 年的冰灾，当冰灾来临时，如果没有做好相关应急准备，就必然影响到人民群众的人身和财产安全。如果政府不能科学合理地管理和保障广大人民群众诸如水、电、粮食、石油等民生方面的基本需求，群众一旦生活困难，有可能引起社会不稳定。1976 年唐山大地震，夺走了数十万同胞的生命，损失了巨大的社会财富。这一巨大的自然灾难再次考验了中国共产党的执政理念和执政方式。中国共产党不负众望，英明决策，立即组织抢险救灾，让逝者安息，让生者安稳，最终较好地解决了这一重大自然事件所带来的重重困难。

由此可见，风险管理的必要性在于主体的多样性、客体的复杂性、管理过程的不确定性、管理本体的不稳定性和外界因素对管理的制约性。

第三节　构建风险管理的价值

每个事物都有其单面价值或多面价值，并且能给大家带来一种或是多种的价值和意义。也就是说，任何一项事项或者行动能够给大家带来某种价值和意义，否则一切理论或者实务操作都没有价值，没有意义，都是虚的。

构建风险管理的价值和意义，主要包括以下九方面：树立忧患意识、培育大局意识、实现量变和质变的统一、实现矛盾的对立统一、理性对待存在的危机感、提高思维方法的维度和深度、认识稳定的时效性和风险的长期性、寻找并践行实用主义、通向人生成功的天桥。

树立忧患意识。人无远虑，必有近忧。天下之事皆在相互矛盾的激烈斗争中出现、成长、壮大，直至消灭。作为管理者，如果没有忧患意识，面对各种风险因素，没有清醒的认识和预判，没有有效合理的应对措施，必然会有无尽的烦恼，处处碰壁，导致头破血流，一无所有，甚至将自身推进万劫不复的险境。风险管理所要解决的第一个问题是管理者要树立忧患意识。当各种矛盾可能发生或者即将发生或者来临时，面对各种不利因素，管理者在规划、行动以及事后进行补救的过程中都应早就预见或者预测到这些风险的存在，对于自身的安全，早做一番全面的符合实际且具有操作性的风险判断和分析，做到有备无患。

培育大局意识。管理有微观和宏观的层次，它是一项很复杂的系统工程，作为管理者，应该站在大局和宏观的角度来考虑事物的整体发展。退一步而言，对微观的事项，管理者也应当站在大的角度去认真分析，及时解决问题。站得越高，看得越远，看得越远，也就想得越全面。对于那种一叶障目不见泰山的人来说，对于高傲自大的人来说，他的管理是灰暗、狭隘的，是没有生机活力的。管理者的格局越宽越高越全面，他的管理路径就会越全面越合理，越有序越安全。

实现量变和质变的统一。量变是事物在合理控制的范围内，从低级向高级，从小到大，在一个合理区间内的变化。管理的最重要目的是产生产品或者达到某一目标。从目标的量变来说，管理者管理的活动就是将自己的目标在量变的过程中不断完善，让产品或者组织达到优质有序的状态。对个人来说，就是实现人生的重大目标，即实现人生理想。质变是量变的超越，超越了突破了量变的临界点，是一种质的飞跃。质变已经改变了原先量的实质，质变了以后它有可能成为一种新的量。风险管理所要解决的问题就是在量变之内限定合理的范围，控制量变，实现有利的质变。管理的过程中，因为各种因素的介入有可能使量变产生质的飞跃，完成质变，形成新的量。此时通过对风险管理的研究，管理者应该树立一种在质变的过程中将原先的量进行有序合理地重新规划的意识，将原来的量控制在一定区域和范围之内。当更大的量形成时，管理者仍然需要进行合理的认识和预控，将这种质变控制在自己的有利范围。十九世纪三四十年代，洪秀全对清朝信心满满，一心想通过科举谋取一个功名。但他先后四次参加科举考试，均名落孙山。此时他的个人风险就是落魄。这种落魄是随时间不断累积的，也就是在量变的阶段。当他接触《圣经》，创立了新的教义拜上帝教时，他就将自身的量变提升到了质变。他的质变是什么？是不再忠于清朝，是与清朝为敌，自立山头。而他本人也确实将这种质变转化为对社会的变革，于 1851 年 1 月在广西金田村掀起了轰轰烈烈的太平天国运动。

实现矛盾的对立统一。一切事物的发展都有有利的一面和不利的一面，一切事物的存在既有本身合理存在的一面，也有受到外界制约的一面。管理者为了实施预定的计划和方针、实现目标，勇往直前，但是在管理过程中因为各种环境因素的介入和影响，总是在制约和干扰管理活动，使其往往朝着一个不利的方向发展，而这种情况就是对立面。对于管理者来说，如何正确地解决在管理过程中所形成的新矛盾，如何将有利的一面充分利用，如何将不利的一面转化为有用的组成部分，为管理活动形成一股强大的力量，让它在管理中产生较大的积极作用，真正实现管理的对立统一，是需要慎重思考的。矛盾的对立统一要求主体在管理过程中一定要分清何为利、何为害，要将利运用在管理过程中，要在管理中减少危害。

理性对待存在的危机感。英国生物学家、进化论奠基人达尔文在《物种起源》中提出，物竞天择，适者生存，优胜劣汰。管理是人作为高级动物的一种高级活动。人为什么区别于其他动物，在于人有思想有灵魂，能利用社会的各种力量对大自然进行改造，利用各种知识和社会力量对自我进行不断的完善和提升。优胜劣汰、适者生存的自然规律，最主要的就是危机感。在动物世界，强者战胜弱者，强者支配弱者，强者吞噬弱者。在管理过程中，因为人的参与，因为人的思想行为各不相同，也就会产生各种矛盾和竞争，有竞争就有危机感。风险管理所解决的，就是让大家认清并理性对待管理中无时无刻不存在的各种各样的危机感。洪秀全领导太平天国运动，他们定都南京后，这个时候最大的危机是什么？外在的一面来源于清朝的镇压和杀戮，这种危机是你死我活的斗争；内在的一面来自内部的分裂，洪秀全与杨秀清发生了为争夺最高权力的你死我活的内讧和分裂。

提高思维方法的维度和深度。个人对问题思考得越深，那么对事物本质的了解就越多；了解得越多，就会更加深刻把握事物最基本的特质，把握了事物的本质就能知道事情的走向，知道如何去把一件事情做得更好。做事前首先要知道自己有几斤几两，这个就是深度。比如朱元璋对当时社会问题的根源是看得很清楚的。他敏锐地嗅到元朝即将崩溃，新的朝代即将诞生。正是因为他对自己和社会矛盾拥有深度的思考，正因为他有这种思维的深度和广度，才奠定了他成就事业的基础和智慧。

认识稳定的时效性和风险的长期性。管理面临问题时，稳定是首要的环境要求，不管是个人还是组织，没有稳定就没有管理活动，就没有管理的价值和意义。而这种稳定是有时效性的，在这一时期是稳定的，不代表下一时期也是稳定的。这种稳定所表现出来的风险又是长期性的，也就是说无时无刻没有风险。本书通过风险管理的研究，认识稳定的时效性和风险的长期性，让主体在时间上有一个清醒的认识。人无千日好，花无百日红。这说明了事物保持良性的稳定状态是具有时效性的，而它面临的风险是长期存在的。

寻找并践行实用主义。管理即是实用。风险管理所要解决的一个问题就是让主体知道管理就是有用的，管理就是实用。实用是什么，实用就是能够产生价值。风险因素会破坏已有的价值，而事实上管理是要实现一定目标的，这种目标对于主体来说是实用的，是以看得见的形式表现出来的，管理的目的就是要实现目标，实现目标就能够带来价值。书中自有黄金屋，书中自有颜如玉。[①]这是旧社会寒门学子读书求取功名的最大目标，读书为了什么？

① 出自宋真宗赵恒《励学篇》："富家不用买良田，书中自有千钟粟；安居不用架高堂，书中自有黄金屋；出门莫恨无人随，书中车马多如簇；娶妻莫恨无良媒，书中自有颜如玉；男儿若遂平生志，六经勤向窗前读。"

考秀才为了什么？考状元为了什么？就是为了实现对个人的管理，实现拥有黄金屋和颜如玉，当然这是落后的思想。对于组织、政党而言，一个组织或一个政党，所制定的每一项方针和制度，所实施的每一个重大活动都是为了实现其目标，这是以看得见的形式表现出来的，是实用的，是有用的。相反，如果管理不能创造价值，那么这种管理是无用的，是没有价值的。值得注意的是，不实用的管理对社会没有一点价值，应当避而远之，甚至抛弃。

风险管理是通向人生成功的天桥。本书研究风险管理，研究管理当中的风险，为的是能够在你踏上成功之路的过程中，给你点亮一盏明灯，给你指明一条阳光大道；能够让你避免风险，实现目标。如果你的管理是有目标、有价值、有结果的，那么就能体现你的价值，你就能行稳致远。管理的过程是艰辛和痛苦的，但是管理所带来的成果是巨大的，能让管理者得到满足，既有物质上的满足，又有心灵上的满足，最重要的是荣誉上的满足，最高的荣誉就是得到大众的认可和赞许。风险管理思维方法将为你在走向人生成功的路上，架起一座彩色的天桥。

第二章

…

风险管理的概念、种类和范围

对于世间的一切事物，都需要了解它们内在的本质和它们之间的相互关系。只有了解它们的本质，把握它们的特点，才能够较好地运用它们，才能够让它们在个人的工作生活中产生价值。对于某一事物，如果没有深刻的理解，那么对个人来说只能是瞎子摸象。什么是风险管理？风险管理的特点、范围和种类是什么？风险管理是指主体对在管理过程中出现的风险因素进行客观理性分析，判断并控制风险，最大限度降低风险程度的科学有效的一种思维方法。首先，风险管理是一种思维方法，是主体在管理过程中用以处理各种矛盾的一种新的思维方法。为什么没有将“风险管理”说成“管理风险”？本书所指的“风险管理”侧重于管理中存在的风险，而“管理风险”侧重于管理带来的风险。也就是说，本书需要解决的问题，主要是主体在管理过程中如何始终保有风险意识，用一种新的思维去解决管理中的各种矛盾，让管理有序正常运转。这就是本书为什么使用“风险管理”而不使用“管理风险”的原因所在。

关于风险管理的主体。主体是指在风险管理活动中承担和实施管理职能的人或组织。它可划分为个体、经济组织和社会组织三类。第一类是个体，个体即个人。每个人生活在世界上，其实是个人管理自己的一种严肃而又活泼的状态。如果个人对自己的管理没有一种风险管理的思维方法，那对于个人成才是十分不利的。个人要将自己的人生当作一个管理对象，把个人的岁月作为一条线段进行风险管理。要关注在成长的每个时期个人会遇到哪些风险，然后用风险管理的思维方法来整理塑造人生。第二类是经济组织。经济组织最常见的，即企业，公司是企业的一种形式。公司风险管理是企业风险管理的一个种类，关于公司风险管理已有许多论述和成果。本书重点考察经营者用什么风险管理的思维方法来有序合理地管理企业，以免企业陷入经济危机，甚至在激烈的市场竞争中被淘汰。第三类是社会组织。社会组织包括社团和党派，还包括政府等。就社会组织来说，它应该树立风险管理的意识，有了这种思维方法，有了这种价值理念，那么这个社会组织所面临的矛盾就会越来越少，从而不断向前发展，呈现出欣欣向荣的良好局面。

关于风险管理的客体。客体是风险管理指向的社会关系，它是管理过程中不稳定的因素。不稳定的因素千变万化，各不相同。有时某个因素对个人来说是不稳定的因素，是不利的因素，但是对组织来说是有利的因素；而有些对组织不利的因素却往往对个体而言又是有利的因素。清朝末年政府腐败无能，这不利的社会因素恰恰就是孙中山和同盟会革命的有利因素。

关于风险管理的对象。风险管理的对象包括在风险管理过程中自身成为管理对象的主体，还包括管理指向的看得见摸得着的人和事物。风险管理的对象，简单来说，它可以是人，也可以是物。作为企业来说，就是生产什么样的产品；对于政府来说，就是政府管理的事物或公民。

关于风险管理的特征。其主要体现为：一是风险管理的系统性。

风险管理是一项系统工程。主体在考虑风险管理时一定要有系统化思维，而不能把管理的各个环节、各个对象有意地分裂开来，主体应当把它们作为一个整体、一个系统来加以分析和观察。不管是个人还是一个组织，都应当站在整体和系统的角度思考处理问题，就是利用系统思维，从整体去把握管理的各个环节。二是风险管理的不确定性。风险管理的不确定性意味着管理是一种人与人、人与组织、组织与组织之间既融合又排斥的斗争过程。因为人的意志各异，换言之，因为每个风险管理者的价值需求不同，由此会产生不同的价值目标；又因价值目标的不同，就会产生管理的差异。这种因为各方对自己的管理价值的不同理解而引起的对抗和矛盾，也必然导致管理不仅不能按照既定的方式进行，反而会因各种不良因素的介入而产生许多不确定的行为和不确定的结果。三是风险管理是一种思维方法。如果缺乏风险管理思维的有力支撑，各种风险和困难是难以战胜的，管理也是难以不断前进的。《习近平新时代中国特色社会主义思想学习纲要》指出，要提高战略思维、历史思维、辩证思维、创新思维、法治思维、底线思维能力，不断增强工作的科学性、预见性、主动性和创造性。本书对于风险管理的讨论并不在于如何管理，而是侧重于风险管理的思维理念，强调把思维方法运用到管理当中，让管理达到有序正常进行。

关于风险管理的种类。通过分析每个具体的风险管理形态，了解其问题的实质，做到认识它，并科学管理它。在管理过程中管理自身所面临危害因素的多样性和不稳定性，体现了风险无处不在，不管是人、物、行为，还是无形的价值的风险管理，都是风险管理中的不同种类。按照风险管理的要素、类型、行为过程、社会行为规范、危险状态等方面进行了风险管理的分类，具体如下。对于涉及事项的具体内容，本书将在以后的章节中进行考察和分析。

第一类是按照风险管理系统的要素来分，有主体风险、客体风险、对象风险等。

第二类是按照主体的载体风险类型来分，有目标风险、价值风险、利益风险和结果风险等。

第三类是按照客体风险的基本类型来分，有自然风险、经济风险、政治风险和文化风险等。

第四类是按照风险管理的行为过程和路线图来分，有决策风险、组织风险、指挥风险、行动风险和监督风险等。

第五类是按照风险管理的社会行为规范来分，有道德风险、制度风险、权力风险和法律风险等。

第六类是按照国家和社会治理的风险类型来分，有民生风险、社会事件风险、民族矛盾风险、舆论风险、战争风险和国际风险等。

第七类是按照风险的危险状态来分，有安全风险和可变风险。

风险管理的分类可以按照种类、类、大项和小项的层次来考察和分析。以上各种风险是按种类层次分类的，每一种类风险又可以细化或分列出其他的风险分类。如经济风险，按照经济过程的不同阶段可分为投资风险、生产风险和销售风险等；按照经济政策可分产业风险、财政风险和金融风险等；按照经济领域可分农业风险、工业风险和服务业风险等。类风险又可以分列出大项风险，如农业风险可分为种植业风险、林业风险、畜牧业风险、渔业风险和副业风险等。大项风险又可以分列出小项风险，如种植业风险可分为稻谷、小麦、玉米、大豆、高粱、棉花等风险。随着考察的需要，仍然可以再次细化，以最大限度地观察和了解微观事物风险的内在属性和特征。

风险管理的范围有多宽，什么时候可以用，什么地方可以用，能用到多大程度，能达到多大效果，这些都值得去研究。只要主体掌握了风险管理这一思维方法，就能合理正确处理这些问题，不管是个人还是组织，面临即将发生或者是已经发生的各种矛盾，就会转危为安、化险为夷。

风险管理的范围可分时间、空间和效果三个方面来看。

首先是时间。时间是无形的，同时它又是有形的。时间的无形体现为岁月的流淌无声无息。如果一个人能活一百年，通过计算就是三万六千五百天。一个人每生活一天，意味着他在大自然的时间当中就失去了一天，所以个人要珍惜每一天，而珍惜每一天就是风险管理的一个重要方面。个人每一天都要有计划、有步骤、有方案地去做自己该做的事，每一天做的事情都要符合人生的总体目标，化整为零，一项一项地去做，小事汇集成大事，小溪汇集成长江。只有积少成多，才能壮大自己。作为主体，每个人对自己的人生都要有一个考量，特别是成年以后，有自己独立的思考，有符合法律和道德的理念，对自己人生所要达到的个人价值和社会价值的目标都要有总体的规划和要求。即使人死后也有风险，而这种风险是在个人生前应当审视、估量并且进行防控的。比如个人不能为了一己之利出卖国家的利益。谁把国家利益出卖了，不管当时他的权力有多大，不管他在世时多么轰轰烈烈，在历史的长河里他必将受到人民的抛弃、指责和嘲笑。从组织来说，企业在成立前、经营中和注销或破产后都面临各种风险环节，管理者都应该从时间上去预见风险的存在。作为政党来说，一个政党在本民族本区域能否生根开花结果，能否掌握政权，最重要的就在于它的价值观是否与老百姓的诉求相一致。如果政党是为了达到组织的私利而运作，那么它的存在价值是短暂的，而不是长久的，它必将会被人民所抛弃。政府在管理国家事务的过程当中，一切应当以实现和保障国家利益民族利益为第一目标。

其次是空间。空间是物质存在的一种客观形式，由长度、宽度、高度表现出来，是物质存在的广延性和伸张性的表现。[①]空间是主体活动的表现形式，主体的空间是由主体思想空间和物质空间组成的，思想空间即精神家园，物质空间即世俗旅途。思想空间往往引导甚至决定物质空间，反过来，物质空间又影响或制约思想空间。思想空间的无限性，与主体活动空间的有限性，

---

① 中国社会科学院语言研究所词典编辑室编，《现代汉语词典（第 5 版）》，北京：商务印书馆 2005 年版，第 778 页。

造成它们之间的巨大裂痕和差异，带来巨大的风险，体现为主体活动中空间的长度、宽度和高度处于不稳定的状态。具体来说，主体的思想空间，体现最多的是思想的高度，比如周恩来少年时说："为中华之崛起而读书"，即是他的思想空间。主体的物质空间，体现最多的是主体行动的长度和宽度，比如二万五千里长征，二万五千里是红军长征的物质空间。

再次是效果。每个人行动的目的都是达到预期目标，获取预定的成果。然而，效果的实现并不是主体能够随意控制的，它不但受到每个人自身思维缺陷和不稳定性的影响，而且会受到来自外在客观事物的制约和限制，比如社会事件和战争等。人生不如意之事常有八九，即指个人对如意之事的预期目标受到内在和外在等风险因素的影响，很难完全达到预期目标。风险管理的效果表现为：一是消灭可预见风险。任何想完全消灭风险的想法，都是幼稚的，都是痴人说梦；任何试图完全消灭风险的行动，都是徒劳的，不仅不会减少风险，反而会额外增加风险。二是降低风险。考察、分析和研究风险管理的主要效果，意在最大限度地降低和减少风险，通过割舍或牺牲部分较少的利益，维护和创造更大价值的利益，真正实现损失的利益最小化，获取的利益最大化。三是控制风险最基本的临界点是人的生存。个人控制风险最基本的要求和限度是保护人的生存，也就是任何风险的发展都不能对个人的生存带来任何实质上的侵害或毁灭。俗称"留得青山在，不怕没柴烧"，如果主体都不存在了，还谈什么风险管理思维方法呢？

不管是个人或者是组织，在管理过程中只要有风险管理的思维方法，就必须确保每个主体的安全。确保每个主体能够存在是管理活动的基本目标。

上篇
总论

第三章

…

风险管理时段

时段即时期。任何事物的发展都有一个酝酿、发生、发展和消灭的过程，而这个过程呈现出来的、人们看得见的就是一种“线条”，而这种“线条”是由时间串起来的。管理过程中的每个事情就是这一线条上的每一点，而线条上的每一点凝结在时间的每一个阶段。由时间的多个点而形成一个比较长的时间段，从而形成了主体管理事务的时间段。但每个时间段，因每个管理对象的范围、大小和难度的不同而不同。

比如说一个人活了一百年。对他来说，这一百年就是一生的线条，由三万六千五百天组成，个人所走过的时段就是三万六千五百天的点的总路线。那么一个人在这个一百年的时段当中做了什么？有什么效果？取得了什么成绩？将面临多少风险？风险程度多大？处理了多少？这是对个体而言要讨论的。

对组织而言，比如一个企业，从成立日到注销日的时间，是一年还是三年，是十年还是五十年，是一百年还是两百年，由企业的发展是否具有可持续性而定。企业在持续性发展的过程中可能面临许多风险，如果它能正确处理这些风险就能发展和壮大。否则，它极易衰落和破产。一个政党能够存活多久，能够在一个国家的管理体系中存续多久，取决于这个政党的价值目标和执政理念，取决于这个政党为广大国民所谋取的利益是否能代表最先进生产力的发展要求。

由此可见，主体在管理过程中因时间推进会面临不同的风险。本书考察风险管理时段，意在让主体有一个清醒的认识，就是要正确处置每个管理时段中可能或者已经出现的风险。通过认识风险管理时段，认识管理本身给主体带来的不利因素，让主体的管理活动安全有序。

从两个方面来解释和分析。一方面是风险自身发展的阶段。在管理过程中，出现任何一个不稳定的因素，即风险，都有一个酝酿、即将到来、已经发生、发展到消亡的过程。酝酿是因为其他风险的发展已经接近尾声，而新的风险即将产生，对此，主体要有一个预先的判断和评估。对于正在酝酿的事情，主体要防患于未然，要透过现象看本质，要透过先前的现象看到即将发生的本质变化。在酝酿阶段，风险还没有凸显出来，主体需要通过量化、考察等方式来发现风险的种种迹象。在这个阶段中，危险系数较小，给主体带来的破坏也是微乎其微的，也许是先前风险的遗留物或伴生物。在即将到来阶段，也就如一棵小草，从土里冒出来，冒出一点尖尖，看着一点点长大，但是它还没有完全从土里长出来，预示新的风险即将发生，主体应该引起高度重视，而不能漠然视之。如果主体漠然视之，这种潜在的风险很可能带来较大的破坏；如果主体漠然视之，这类新的风险很可能给主体带来更大的不利的后果。也就是说，即将到来的风险，危险系数虽然比较小，不能形成气候，还不能对主体形成一种直接的危害，但是此时在思想确认中，在思想分析中，在观察认识中，在思维方法中，主体应该引起高度的重视。风险发生时，犹如一棵树已经长成，此时风险系数是巨大的，它给管理带来巨大的破坏，给主体的目标形成很大的抑制力，带来巨大的破坏。此时主体不是说已经看见了风险，而是说已经看得很清楚了。此时主体应当有一个客观理性的态度，要对这个风险的发展规律和发展轨迹有一个明确的认识。它的发展是一种渐进式的发展，是一种量变式的发展，还是一种盘旋式的发展？它的这种发展，是一种迅速的变化的过程，还是一种缓慢而持久的发展过程？主体都应当对其有一个明确的认识。通过这种认识，主体才能了解风险的本质，找出相关的应对措施、应对方法、应对方案，以便做到有备无患，坦然处之。困境并不可怕，困难并不可怕，坎坷并不可怕，最怕的就是当面对困境、困难和坎坷时，主体无所适从，不知所措。

另一方面是风险管理的结果。对于风险管理的结果，主体一定要给予高度的重视。此时风险已经发生，它有可能会造成两种不同的结局。一种是通过它自身的量变，产生相应的质变，也就是说由原来的风险会产生新的风险。主体应当高度重视，决不能让它产生新的不利因素。当然，如果它是朝着正常的方向发展，那么经过正常的衰败，它会趋向于消亡。一般而言，随着事物的正常发展，风险按照产生、发展、壮大、衰减、消亡的轨迹运行，最终已有的风险不会引起或者说不会产生新的破坏作用。当风险过程即将接近尾声时，主体应当以一种客观的心态去看待它，以一种积极主动的心态去认识和分析它，并采取积极有效的措施，让它朝着正常的方向发展，而不是让它产生质变，从而造成更大的破坏和危害。

风险的发展也是较有规律的。主体在管理过程当中，在管理的初期、中期和后期，所面临的风险也各不相同。在管理初期，风险是巨大的；管理中期，风险相对来说是小的；管理后期，相对于初期和中期阶段，在风险价值链上处于中间状态。对此形态，主体可以通过风险本身发展的情况来认识。在管理初期，风险为什么会是巨大的，因为任何一个新事物，在自然界和人类社会的发展过程中，它必然受到旧环境、旧思想、旧势力的排斥，甚至是扼杀，而这种排斥和扼杀就是一个很大的风险。这种风险是巨大而残酷的，只要在某个环节没有处理好，就可能带来毁灭性的后果。对于企业而言，它在成立之初，不管是企业管理本身还是业务经营行为，风险都是非常大的。对于个人来说，个人的成长，特别是在个人思想成熟之前，在某个领域要想形成自己独到的新思想，实施个人的美好蓝图，必然会受到守旧派或利益相对方的冷落、抵制甚至打击，个人的成长必将面临巨大的风险。如果个人不正确处理这种风险，那么个人可能无法实现其人生价值；如果个人正确合理地处理了这种风险，那么个人就会通过某种方式体现出其巨大的人生价值。

在管理的中期阶段，风险相对减少，因为风险已经表象化，总体上会沿着风险自身的规律自然发展。只要一个事物的发展是沿着良性的轨道发展，那么在中期阶段，主体能够通过自身的进化以及自身的正确认识，拿出一个良好的管理方案。这种方案与主体本身利益的一致性，会形成一种和谐的发展理念，让主体妥善地处理好管理过程中的各种矛盾。也就是说，此时主体所面临的风险相对来说是较少的。

在管理的后期阶段会有两种不同的风险结果：一种是如果在管理后期，风险不能够得到合理控制的话，它将会形成一种新的不利因素，产生另外一种新的风险，并且这种风险对管理过程而言，要么是摧毁以前的成果，要么就是削弱以前的成果，会对主体产生很大的破坏作用。当然，这种突变的现象是比较少的。另一种是就大部分风险而言，在管理后期都将趋向消亡，也就是随着管理的自然发展过程而终结了。

还要特别注意的问题是，风险所经历的时段以及它在各个时段所反映的情况是千变万化的。认识风险管理时段，有利于主体在管理过程中正确地把控风险的运行规律。

第四章

…

风险管理处置思路与途径

本章讨论风险管理处置思路与途径，要解决的主要问题是当风险管理即将发生或者已经存在时，主体用什么样的思路去认识和了解风险管理，主体要形成一种什么样的既合理又符合客观规律的思维模式。风险管理的处置思路就是在认识风险管理的过程中，主体该如何去正确地认识，有一个什么样的评价体系，持一种什么样的理念。而风险管理的处置途径，所要解决的就是主体如何具体去做，讨论的是行动问题。也就是说，本章要解决的不仅是思想问题，还包括行动问题。

风险管理的处置思路要求主要体现在：一是危害最小化；二是利益最大化；三是方式方法实用；四是辩证统一；五是价值序列化。

危害最小化。当今社会风险无处不在，从达尔文的进化论来说，大自然是物竞天择，弱肉强食，适者生存。大自然的延续以及人的进化都是因为物种同化、延续或者更新所带来的事实上的进化。进化是旧事物的消失，新事物的产生，是新事物对旧事物的强化或替代，是旧事物危害最小化的表现。当风险来临时，主体首先要解决的问题就是如何让危害最小化。风险事实上也就是危害。让危害最小化是对主体自身而言的，这要与主体的认识相符，与主体的知识结构与成长环境相符，以及对风险管理的判断有一个成正比的判断体系。比如对未来风险的认识和评估，有知识或实践经验的人比没有知识或实践经验的人就更加客观和准确一些。

利益最大化。利益是主体在实践中获取的目标价值。这种价值分为有形和无形两种。无形的东西是精神上的，有形的东西是诸如物质上的东西。这种利益有可能不会实现，在利益没有实现的过程当中，危险总是存在的，所以说没有永远的利益，只有永远的危险。当危险来临，主体将面临各种各样的危害。而利用风险管理的思维方式，在处置每一事项、每一具体的事情当中实现利益最大化，这是主体要秉承的一种理念。事实上，当没有利益的时候，主体的任何行为都没有目标可言，也就没有任何价值。目标和对象只有有意义，才能激发主体的驱动性。而在风险管理当中，主体的驱动性受到各种不稳定因素的影响，如何认识和分析各种不稳定的因素，让其转化为有利的因素，以便实现终极利益的最大化，是风险管理处置思路的目标之一。

方式方法实用。方式方法实用的核心是管理要实用。管理过程是各种风险因素连续性产生和伴随的过程。如何让管理有效和实用？实用是什么？实用就是便于获取最终的利益。也就是说在风险管理的思维过程中，主体需要考虑的问题是其采取的方式方法是否实用。没有实用的思路和方式方法，没有实际的行动，风险管理不可能产生实质意义上的效果。为什么这么说呢？当管理面临不稳定因素时，主体采取一些不实用的思路和方式方法，甚至在行动中采取一些与目标不一致的具体行为，这样的行为会有什么意义呢？像毛泽东提出并实行的建立革命根据地、农村包围城市、枪杆子里出政权等种种思路和方式方法，都是符合当时形势和现实环境的，是实用有效的。

辩证统一。风险管理过程中，并不是说一切风险都是不利的因素，有时应当用辩证的思维和方法来认识不利因素和不利影响。事实上，各种风险因素的产生，都是客观事物的外在表现。德国哲学家黑格尔说，存在即合理。也就是说，不管某种因素即将产生或者已经产生，这种现象都是合理存在的，都是符合客观规律的。为什么说它是符合客观规律的呢？因为每个风险管理的对象均是该事物发展过程中带来的与当时情景相符的存在物。它需要主体以一种客观辩证的态度去认识，而不能一味地以不利、消极的态度去观察。如果主体完全以不利、消极的态度去看待它，那么主体将处于不利的消极的思想和情绪中。当主体过于关注消极的不利的风险因素时，那么在处置风险的过程中必然降低积极性和主动性。事实上，不利的风险因素有时候对主体也是有利的。也就是说，风险管理中各种不利因素的产生，各种风险的产生，并不是完全有害的，有些时候它们往往也是有利的。比如 1911 年武昌起义打响了推翻清王朝的第一枪，按计划革命党原定 10 月 16 日起义，但在 10 月 9 日前，突然受到清朝官兵的搜查，特别是清朝官兵查获了革命党人名单。这是异常不利的因素，带来的直接后果，一是暴露了革命分子，二是清朝对革命的扼杀。但革命党人审时度势，对此不利因素进行一番新的认识，积极化解风险，提前起义，最后一举拿下武昌，最终带动了全国各省的革命浪潮。

价值序列化。价值序列化主要讨论的是一个思想问题，就是当风险来临时，主体将以一种什么心态，以一种什么衡量标准，去看待已经到来的不稳定因素，如何实现危害最小化、利益最大化。此时主体有必要对各种风险作一个客观、公正的衡量。主体不但要把风险因素放在自身的角度来进行分析，同时还要将它们放在他体中进行分析，放在历史的长河中进行分析，并提示主体对风险的认识体系和认识等级要有一个明确的分析和判断。每当风险出现、危险来临的时候，首先主体对风险的大小要有一个量化的认识，不能将小的风险看成大的风险，也不能将大的风险看作小的风险。比如，1921 年 7 月 23 日中国共产党在上海召开第一次全国代表大会，7 月 30 日晚受到上海法租界巡捕的搜查。对此巨大风险进行量化，有四种处理方法：一是置若罔闻，认为风险不是很大，如此则他们将坐以待毙；二是巡警来了，怕杀头，大家不再开会了，一哄而散；三是怕风险大，背叛革命，向巡捕投案自首；四是认为革命有巨大风险，避开检查和搜捕，为实现革命目标，另寻地点，会议继续进行。将之序列化，伟大的革命先驱者选择的是第四种，为了革命的宏伟蓝图，离开上海，到嘉兴南湖，继续开会，化解了法国巡捕检查的巨大风险，最终完成了建立中国共产党的各项议程，中国革命从此焕然一新。

风险管理的处置途径，是在风险管理中，当风险即将来临或者已经发生时，主体考虑选择和使用什么样的手段，以实现合理的预期效果。处置途径主要包括识别、预测、评估、控制等，并将转化为风险管理的处置行动。

识别。识别是人类的高层次认知行为，是在认知事物外在现象的基础上，进一步了解、把控事物内在的基本属性。识别的对象包括事物的本质属性、风险因素的外在表现、风险因素的种类和大小、引起风险因素的原因，等等。当主体识别风险时，保持一颗平静的心和一双客观公正的眼睛，是非常有必要的。否则，很容易受到事物表象及环境因素的迷惑或影响。

预测。预测是在识别的基础上，对风险现象、风险因素和处置风险的措施、手段及途径作进一步的深层次的分析。积极的预测，既包括预防、减少或避免风险的发生，也包括积极正视风险的来临，做好处置预案。消极的预测是不愿或不想风险的来临，被动地预防、减少或避免风险的发生。

评估。当主体对风险有比较客观全面的识别和预测后，就能对其作出正确评估了。没有真实的识别和科学合理的预测，评估就缺乏根据。评估的时段既可以是风险的酝酿期，也可以是风险的形成期，还可以是风险的发展期或消灭期。总之，主体采取评估手段，适用于风险出现的各个阶段。评估的思维方式有演绎式、归纳式、情景式、模拟式、常规式和非常规式等。

控制。控制是主体有意识地处置风险，包括积极控制和消极控制两种。积极控制是主体主动处置风险，包括行动、风险修正和风险补救。消极控制是主体被动应对风险，包括风险转移和风险规避。控制的目标是将风险设定或压缩在合理的范围内，也就是说，让风险既不超过风险量的总量，也不超过风险变质的界限。

行动。行动是人有意识地改造客观世界，是人思想的外化。当风险发生时，主体不应陷入对风险的恐惧和焦虑中，应整理个人的思绪，尽可能挖掘自身的能力，有目的地处置风险。临渊羡鱼是风险，苦苦等待和观望，还不如退而结网，“退”和“结网”都是很有价值的实际行动。主体不能光喊口号，不能总是沉迷在黄粱美梦中。再好的决策、组织和指挥，都要通过行动才能发挥和实现其价值和效能；再大的风险，都要通过行动才能实现补救和化解。只要有行动，就会有收获；只要有行动，就会有价值。如果是纸上谈兵，那么再好的补救措施也不能解决问题，那么再小的风险也会引起更大的风险，甚至小小的风险也会引来一连串的不利后果。

风险修正。当风险已经发生了，就让它损失最小；如果是难以挽回的风险，即已经产生了具有实质性的毁灭性的风险，主体最重要的是把它修正为浅表性的部分破坏性的风险。修正的目的不是规避或消灭风险，而是减轻或减低风险的损害程度，让风险往良性的方向发展。

风险补救。当风险已经来临或已经发生时，主体采取积极应对措施，让风险降到最低的程度，避免自身或管理的事项产生实质上的进一步恶变，由此达到只产生个别的局部的负面影响，并且能够将此种少量的风险成本进行及时合理的挽救，由此吸取经验教训，正确引导主体积极前进。

风险转移。风险转移是将此种风险转移为彼种风险。具体表现为风险种类的转移、风险时效的转移、风险大小和程度的转移等。其本质是主体承认并接受风险的存在，为了维护自身的利益，牺牲其他较小利益。总之，风险转移没有消除风险的现实存在性。有人说，保险是风险转移的最佳途径。一般来说，保险固然可行，但它没有解决风险转移的价值量的问题。由此看，利用保险来化解风险的思维方法不是最佳的处置方案。试想，风险从甲转移到乙，把张三的风险转移给李四，把今天的风险转移给明天，不管以何种形式转移，风险总是存在的。

风险抗拒。它是主体惧怕风险带来的不利影响和危害而回避风险的一种方式，表现为不闻不问不看不做，不是消极等待，就是潦草应付。当风险即将来临时，主体不想、也不愿面对它；或者风险已经来临时，主体视而不见，完全以消极的心态去面对。为人无欲无求，风险较小，但是对待事业则有待商榷。在人生的事业中，如果你无欲无求，那么你可能是不敢担当的人。比如发生了群体事件，此时你作为管理者，不闻不问不看，躲在后台，抱着无为而治的想法，表面上你将群体性事件的一切风险转移给他方，自己没有一点责任，事实上，早已埋下了你因懦弱、胆怯、无视群众疾苦而被国家和人民抛弃的巨大风险。

第一章

风险管理系统的三要素

风险管理系统中，涉及的构成要素主要包括主体风险、客体风险和对象风险三种。三者之间是相互联系、彼此影响和制约的。从三者的关系来看，主体风险处于主导地位，缺失风险意识的主体无从去观察和分析客体风险，也就不存在通过主体风险去处置客体直接指向的对象风险。客体风险则影响和制约着主体的认知思维和价值判断，并决定着对象风险的大小。同时，对象风险反作用于主体风险，对主体风险起到监督的作用，对客体风险起到制约的作用。从主体风险的视角来看，有时可以把客体风险看作是特定的观察物，此时客体风险的形态对于主体来说，也是指向的对象风险。本章主要明晰主体风险、客体风险与对象风险三者之间的内在关系，并深刻指出风险管理过程中，主体风险即“谁来管理风险”、客体风险即“风险源于何处”及对象风险即“风险影响到谁”三者的本质特征。

第一节 主体风险

本节讨论主体风险，需要解决的问题是：风险管理的种类有哪些；对于各种风险，该如何去看待它们，如何去认识它们，用怎么样的思维方法去处置它们。

矛盾并不可怕，可怕的是主体不敢面对矛盾；困难并不可怕，可怕的是主体逃避困难。不管是矛盾还是困难，当它来临时，主体都要泰然处之，找到其本质，抓住其症结，解决矛盾和困难。面对风险，在思想上主体如何用一种符合客观规律的思维方法去观察它，去认识它；在行动中主体用一种什么样的态度，一种什么样的期待，一种什么样的思维方法去处理呢？思想是行动的指南，没有一个合理的符合客观规律的比较科学的思维方法，而是盲从地毫无目标地随心所欲地去行动，十有八九甚至是百分之百会失败。事实上，主体风险在风险管理中是一个最值得大家注意的问题，因为管理是人的管理，人是复杂的，多变的。如何认识主体风险，如何认识主体和风险之间的联系，以及用什么样的思维来认识自己，来认识管理过程中的主体，是风险管理过程中要解决的问题。

就主体而言，风险主要来自主体的复杂性、主体的差异性、主体的多样性、不同的价值目标等方面。

主体的复杂性。人是复杂的生命体。人为什么是复杂的？人有男女之分，不同的性别代表着不同的生理特征。人有年龄之分，可分为婴儿、少儿、青年、中年和老年等阶段。不同年龄阶段的人的认识，因为心理的感知和生理的发展状态的不同而不同。人的复杂性不但由性别和年龄的差异造成，而且由知识结构和阅历环境等不同造成。农民、工人、商人和科学家，因为各人的阅历不同，对同一事物他们的认识是不同的。这种认识上的不同，也就体现出管理过程中主体的复杂性。主体的复杂性还体现在个体自身的复杂因素上。个体为什么复杂？因为人的思想是复杂的，因接触外在的事物与内在的学习差异，人对同一事物在不同时期都有不同的认识。

主体的差异性。主体的差异性体现为主体认识的差异性，以及处理风险能力的强弱差别。俗话说十个手指长短不一，这体现了事物的差异性，也体现出事物的多样性。这种差异性令主体在管理过程中很难形成一致的意见和看法，也就很难形成一个客观公正的决议。对于个体而言，个体的差异性体现为个体对自身认识的差异，体现在环境和人的心情变化上。比如，你在早晨、上午、下午和晚上，受到太阳光照的影响，受到宇宙磁场的影响，由此对事物的认识是不同的。人为什么要深思熟虑和三思而行？因为每个人的思维方式是不同的，主体的差异性直接导致了认识事物的差异化，接着又导致了管理事物的差异化。对组织而言，这种差异性更加明显。组织可能是人的聚集，或是人和组织的聚集，或是组织与组织的聚集。每个组织有不同的价值理念、组织目标和组织方式，因此，要形成一个大的统一目标是很难的。

主体的多样性。主体的多样性主要体现为个体的多样性。人的复杂性决定了人的差异性，人的差异性表现为人的多样性。人是复杂的，人组成的组织是复杂的，是多样的。主体来源的多样性必然会引起主体在管理过程中因为认识不同而产生不同的思想，由此形成不同的影响。

不同的价值目标。目标和价值总是相互依存的，目标和意义也是相互依存的，价值和意义又是紧密联系在一起的。有什么样的目标就有什么样的价值取向。目标有正能量的目标也有负能量的目标，目标所代表的价值取向也就有正能量的和负能量的。就个体而言，有的人是以犯罪为自己提供生活的来源，诸如盗窃惯犯，他的目标就是以盗取他人财物来谋取自身生活的舒适或者说满足个人的物质需求。由此看，盗窃惯犯的目标是肮脏的，是不健康的，其价值是反社会秩序的。就组织而言，诸如意大利黑手党，它与人民为敌，与国家为敌，它以胁迫、暴力等非法、非正当手段去谋取巨大财富，对广大群众造成很大的心理阴影，造成巨大的人身伤害和财富损失。对于这类负能量的主体，这类负面的目标和价值，他们所取得的利益是得不到社会的认同和支持的。他们虽然有自己的目标，有现实的利益和价值，但是他们终究是不受欢迎的。从社会整体利益而言，他们的目标和价值也是被社会被国家被人民打击、抵制和抛弃的。社会提倡人们树立公平正义的价值观，提倡大家争取符合法律和道德的精神利益和物质利益。

作为主体而言，因为不同的目标、不同的价值观，便会面临不同的风险。因为个人在每一时期的价值目标是不同的，各种价值和目标有时会发生彼此转换，表现为由积极向消极的转换，或者由消极向积极的转换。由此，个人风险处于一种不稳定的漂浮状态。以上所说的盗窃犯，如果他在青年时期作了案，但是到了中年时期以后，他通过改造和学习，进行自我净化，重新树立一种正确的符合法律的符合道义的价值观和财富观，通过自己的辛勤劳动获取正当的利益，俗称浪子回头，这是值得赞赏的。从正面向负面转换的例子有汪精卫，他是孙中山先生的遗嘱执笔人，光芒四射，但是后来他为什么与国为敌，与民为敌，成为民族的败类？关键就在于跨入中年后，他青年时期爱国、爱民、为民族独立而奋斗的价值目标被自私、贪权、贪财的价值目标所取代，也就是说他没有合理地处理他自身的主体风险。

第二节　客体风险

《现代汉语词典》对“客体”的解释，特指哲学上主体以外的客观事物，是主体认识和实践的对象。

在分类阐述风险管理时，将客体风险和对象风险进行分开，这也就涉及客体风险和对象风险的特征和内容。客体风险是主体在风险管理过程中所涉及的社会关系。这种社会关系是管理过程当中涉及的各种社会关系，包括国家管理、政党管理、企业管理和个人管理等方面的。再由这种大概念，可以分出小概念，诸如国家管理又包括政治、经济、文化、外交、军事等国家层面的管理；企业管理包括人力资源、经营、生产、市场等经营层面的管理。

那么客体风险与对象风险之间有什么区别呢？“对象”在《辞海》中的解释是行为行动的目标所指定的特定事物。由此分析，对象风险就是主体在管理过程中所涉及的具体的事项，包括具体的人、具体的行为、具体的事物或者具体的某一思想。诸如创作一幅作品，作品就是一个对象；作为京剧演员，他唱的京剧就是一个特定的对象；由国家开发与管理的航天器，也是一种对象，航天飞机是一种很特殊的对象。客体风险和对象风险两者最本质的区别，就是客体风险应当是不特定的，这种不特定性体现为社会关系的不特定；而对象风险是特定的，是主体在管理过程当中所指向的特定的人、事、行为和结果。俗话说，七十二行，行行出状元。这“七十二行”中的“行”，指的是职业，是个体与社会相互作用的一种社会关系，也就相当于管理客体。

客体风险与各方面的关系，主要有以下方面：

社会关系对客体风险的影响。刚刚说客体风险是一种社会关系，但是它不是特定的社会关系，而是一种很不特定的社会关系，在不特定的社会关系下面又有小的分类。而作为一种比较大的社会关系，主要是指社会整体中比较大的分类。比较大的社会关系，主要表现为国家管理、团体管理、组织管理以及个人管理。不同性质的社会关系，引发客体风险所涉及的面也是不同的。诸如，一个国家所涉及的最重要的客体风险就是国家在领域范围内，也就是在自己辖属范围内达到一种安全有序的社会综合管理。这种社会综合管理最重要的目标是让国家走上一条国富民强的道路。所以对于国家来说，它在管辖区域内的客体风险是直接的巨大的。如果没有一个安全有序的管理，对客体风险不进行认真的分析和把控，不好好解决，就很容易产生矛盾，容易形成内部的一种瓦解与崩溃，最终导致国家四分五裂。国家管理，最重要的目标是将各方组织和力量打造成一个团结的集合体。作为一个团结的政府，一个积极有为的政府，实现民族安定，实现国民安居乐业，这是国家管理层面的目标。

如果从某一政党来说，它所面对的客体风险主要就是它的管理理念。对于企业来说，诸如开拓市场就是其一种社会关系，即客体风险就是拓展市场领域，涉及某一个具体的市场领域时它所面临的风险是不一样的。如果企业到国际市场领域，它面临的风险就是与外国产品的竞争；如果是在国内进行拓展，必然受到民族习惯、消费者群体等方面的影响，以及当地政府对企业的工商、税收等各项管理的限制与优惠。

不同职业有不同风险。每个人从事什么职业，必然与他个人的性情爱好相符，否则，就很难实现自己的人生目标。也就是说，某人自身的客体风险与他自身之间在智慧、能力和实力等方面不对称、不稳定时，就必然出现不利的后果。这要求主体对自己的职业要有一个充分的认识，没有一个充分的认识，没有一个客观的评价，那么主体必然面临不利的后果。比如，1904 年秋，鲁迅到日本仙台医学专门学校学医，在课余则广泛阅读文学和哲学书籍，沉思民族解放问题。后来他观看日俄战争的幻灯片受到刺激，深感学医只能治疗身体疾病，而救治国民精神的愚昧麻木更是当务之急。他认为，“善于改变精神的”“当然要推文艺，于是想提倡文艺运动了”。[①] 鲁迅开始规划的职业即风险管理的客体是行医，此时他所面临的社会现状已经影响和改变了他先前行医的职业认识：不再是通过行医去实现自己的价值目标，而是应当通过文艺传播思想来唤醒全国人民的觉醒，即运用文字作品传播和点燃中华民族的文化价值和精神力量，让当时大部分沉睡的、愚昧的国人有所觉悟，共同走上推翻旧势力、创建新社会的道路，从而形成了新的文学创作的客体风险。

客体风险与生产力的关系。社会关系最重要的一个体现就是这种社会关系是否代表着先进生产力的发展要求。生产力是对社会系统各要素发展变化的力量的概括和总体规范，主体在风险管理过程中面对的客体所激发和推动生产力发展的状况，也是不一样的。比如自然科学与社会科学，自然科学是一种对地球、自然、宇宙、人的生命本体的考察，通过认识自己、认识自然、认识宇宙，让

---

① 刘家鸣编，《鲁迅代表作》，郑州：河南文艺出版社 1996 年版，第 2 页。

人有驾驭自己、改造自然、探索宇宙的能力。这种能力的大小就体现在生产力上，生产力水平越高，那么客体风险就越少。一个国家如果在自然科学领域投入越多，那么这个国家的生产力发展水平就越高。而社会科学主要体现在对人的认识，对政府的认识，也就是说社会科学是对主体以及管理自身过程的认识。这种社会科学当然也要发展。

客体风险对社会关系的影响。客体风险体现的是一种社会关系，这种社会关系是一种大的社会关系，就是每个主体在总体上与社会和国家之间的社会关系。不管是个人还是组织，每个主体所从事的职业都应当与其自身的智慧、能力和现状相符，与大的社会生产关系相符。比如，在清朝，一名学者研究社会科学管理，研究“君君臣臣”是可以的。但是，如果他研究君主立宪，研究总统共和制，研究三权分立，那么将会受到封建统治势力的打击和遏制。又如文艺复兴时期伟大的意大利思想家、自然科学家布鲁诺，他为了捍卫和发展哥白尼的日心说，批判经院哲学和神学，反对地心说，这在他所处的时代具有巨大的宗教风险。1592 年，他被捕入狱，被宗教裁判所判为“异端”，1600 年被烧死在罗马鲜花广场。

科学合理运用客体风险，要注意以下事项：

管理客体应当以国家利益为重。国家利益是每个个体利益的总和。国家利益超越了每个个体的利益，它是为国家为民族为大众服务的，个体利益应当服从于国家利益。当个人利益是自私的，是凌驾国家利益之上的，是在国家利益范围之外的时，那他的生命价值和社会价值是很难实现的，很难被国家认可，很难被民族认可，很难被人民赞誉和怀念。当个人以国家利益至上时，即使面临或这或那或大或小的风险，他依旧会赢得巨大的荣光。比如美国第十六届总统林肯，他上任时，国家面临着巨大的分裂危机，南方十一个州以赞同蓄奴为由形成南部联盟，公然挑衅脱离美利坚联邦。国家管理当中，国家的完整和统一是最重要的，是首要的社会关系，林肯此时所采取的措施，就是对这种最重要的客体风险采取了强硬手段，签署《解放黑奴宣言》，组织联邦军队对付南方同盟军，最终战胜他们。此举维护了美国的统一，让美国走上了团结繁荣的道路。

科学合理运用客体风险。最重要的一点是，符合主体的价值取向，也就是说风险客体的价值取向要与主体一致，才能与主体形成一个有机的整体。作为个体来说，每个人从事的职业，首先要和个人的兴趣、个人的情趣、个人的知识水平相符，达到一个基本的平衡状态。如前所述，鲁迅一开始行医，即风险客体是对不特定的患者进行诊断和救治，让患者降低或免去肉体上的痛苦。但是鲁迅后来思想上发生了改变，他认识到通过行医不能拯救国民的整体素质和精神，只有解救国民的整体素质和精神，才能让民族觉醒，才能使中华民族强大。出于对管理客体崇高的向往，他找到了新的管理客体，就是进行文学创作。事实上，文学创作就是一个风险客体。从《呐喊》《从百草园到三味书屋》等来看，他的每一个作品都是一个对象，而文学创作是一个社会管理客体。再如孙中山先生，青年时期也是学医的。他认为学医是对个人的解救，而不能在思想觉悟上唤醒民众，特别是不能够“驱除鞑虏，恢复中华”。后来他的管理客体不再是某一个人的健康问题，而是勠力实现中华民族的独立和自由，即推翻清朝统治，建立多民族的三民主义的民主共和政府。简而言之，就是让君主专制变为民主共和制。以上事例说明，风险客体的价值取向和认识必须与主体相一致。

客体风险的相对稳定性。主体面对的客体风险，在一段时间内应当是相对稳定的，而不是说凭一时的爱好，来也匆匆，去也匆匆。当客体风险这种社会关系出现时，主体要坚守目标，而不能摇摆不定。一有风险就打退堂鼓，最终的结果只会是失去信心。当然，可以通过分析和评价风险，找到风险的根源。此时，最好的办法就是静下心来想一想，不要被眼前的事物迷惑，也不要被眼前的困难压倒，更不能被眼前的困难摧毁意志。需要做的，首先是强化自身的意志，其次是找到问题的根源，再次是找到解决问题的最佳途径。战国时期楚国人屈原，在楚怀王时期，当过三闾大夫，权力很大，后来受到冷落，远离了政治核心，最终野外漂流，他的心情是灰暗的，是苦闷的。当他作为高官，管理客体是楚国的国家管理，参与国家决策。但是，一旦他没有权力，对他个人来说，他指向的管理客体——国家决策的权力已经没有了，管理客体的失去让他一时茫然失措。但此时屈原又找到了与他自己价值相符，与他心智、知识结构、对国家的认识、对人生的认识相符合的一个社会管理客体，也就是文学创作。他创作了《离骚》《天问》等不朽的佳作，用诗歌这一特定的管理对象来表达他对楚国深深的爱，对小人的愤恨，以及对君王不守正道、远君子而亲小人的批判。

绝境。绝境是一时的无路可走。对主体来说，面临绝境时如果没有一种更加坚强的意志，那么离失败就不远了。面对客体风险中的绝境，最重要的是重塑必胜的信念。也就是说，人要相信自己，组织要相信组织的宗旨，企业要相信自己的章程，政府要相信政府的管理理念。当你面临或陷入绝境时，一定要相信会有灿烂的明天，不要被一时的“暴风雨”和“海啸”所震慑，应当理性认识所处的绝境，通过找出陷入绝境的原因，寻求走出困境的对策。假如一个人得了疾病，陷入极大的困境，如何去处理？在寻找原因的同时，还要善于听取医生的建议，医生就会讲他患的是哪一种、哪一个类型的疾病，从而做出一个科学的治疗方案。作为主体来说，就是要找出陷入绝境的原因，重新走上正常轨道，一步步地脱离沼泽，再一次跨过去挫折，走向辉煌。

主体需要正确认识客体风险，了解客体风险与各个方面的关系。当客体风险带来逆境和绝境时，主体要树立坚强的信心，拿出科学合理的解决办法，这样才能轻装上阵，行稳致远。

第三节　对象风险

对象是行为行动和目标管理的人和物，它具体指向的是看得见的特定事物和特定的形态。

对象风险是主体在管理过程中所指向的特定形态，是客体风险的具体形态，是一种客观存在的事物。管理对象是主体能够感知、能够预判、能够遇见的看得见、摸得着的有形事物。比如作家书写某篇文章，或者画家创作某幅作品，其预期的作品，即是构思当中无形的风险对象，但他能够通过自己积极有效的行为将无形的风险对象转化为有形的对象风险，一步一步去实现，由此化解行动过程中的对象风险，将无形的思想转化为有形的作品。简而言之，对象风险是主体在应对风险客体的管理过程中所指向的具体事物，包括人、物、时间、地点、行为和与管理者有关的任何具体的事物。一个大的对象风险可以分解为很多小的具体的对象风险。比如，国家治理长江，长江是治理的风险大对象，治理长江的风险小对象是岷江、嘉陵江、湘江、赣江等，再细化，治理湘江的风险小细项是潇水、舂陵江、蒸水、耒水、浏阳河等。

讨论管理对象，最重要的是，在管理过程中，主体能够预判和控制大部分特定的有利的管理对象，但是也将面临许多不特定的因素，出现许多不特定的管理对象，来扰乱主体的管理过程，此时主体就应当对管理对象进行认真分析，从管理对象的属性和它的价值量来考察。了解管理对象对管理主体的影响，要分析其是一般性的影响还是决定性的影响。如果是一般性的影响，主体该如何做？此时主体应对管理对象进行合理的引导和利用，让它朝着有利的方向发展。如果它是不利的对象因素，那么主体要么坚决地清除它，要么引入新的对象对不良的管理对象进行融合，将之转化为有利的可控对象。

对象风险的种类包括以下几种：

首先，对象风险可以是人。人既是管理主体又是管理对象。在主体风险中已经对人进行了一些分析。在管理对象中，它指向的人与管理主体有相近的一面，也有不一致的一面。在管理过程中，主体的管理对象不但包括它指向的对方也包括管理者自己。人是很复杂的一个生命体，是脱离兽性的动物，是有思想、有语言、能讲话、能站立的高级动物。人通过高级的思想交流，脱离了兽性。

其次，对象风险可以是人的行为。个人的行为也是每个人的管理对象。行为是主观见之于客观的管理活动。如果个人的行为不严谨，不符合道德，不符合法律，必将给个人带来管理上的巨大隐患，甚至带来毁灭性的灾难。比如聚众殴斗会带给个人很大的危害。斗殴的风险对象有两种，一是暴力的行为，一是轻微的行为。如果个人的行为是非人性化的，是暴力性的，那么个人必定受到法律的严惩；如果个人的行为是轻微的，也将受到社会的谴责和他人的控诉。

再次，对象风险还包括行为指向的具体事项。具体事项是管理中很重要的一个风险对象。面临什么样的管理对象，面临什么样的事物，个人应当有一个准确的认识。从国家层面上来说，如1945年抗日战争后，国民党在大部分区域占据主动地位，但是经过毛泽东等的卓越领导，正确对待管理对象的具体事项，1948年9月到1949年1月，中国共产党领导人民军队成功完成了辽沈战役、淮海战役和平津战役三大战役，摧毁了国民党的主要军事力量，为建立人民民主政权铺平了道路。事实上，通过处置管理事项的风险，可以获取一个预期的利益，这种预期的利益是主体想达到的目标。越大的管理对象会对主体造成越大的风险。从中国来讲，现在国家管理的最重要的具体事项是14亿人口的温饱问题，人多地少，如此特别巨大的人口令国家不得不面临非常棘手的社会和民生问题。习近平总书记提出精准扶贫，让人民吃得饱，穿得暖，有房可住，有学可上，有病及时就医。再者，中国是一个人口大国，据保守测算，如果每天一个人分配一公斤食物，那么14亿人口就需要14亿公斤食物，折合140万吨食物，半年14亿人口就需要2.555亿吨食物。当国家面临危难时，面临重大自然灾害时，面临国际形势恶化时，如何保障14亿人口的物资供应，让国民能够安居乐业，维护政府的统一管理，这是一个很重要且又非常棘手的现实课题，也是政府务必时刻关注的一个敏感的社会问题。

化解对象风险的思路主要有：

人性化管理。组织的最大风险是思想的混乱。个人的思想、个人的行为、个人的利益，这三方面的结合每时每刻都让对象以自我为中心，以维护自身的需求为目标。当个人的利益需求得到满足时，他才会主动为组织服务。由此看，对人的管理，最重要的是人性化管理。大家需要承认和肯定人的自私性，维护个人的利益需求，保障个人的利益。如此，大家才能够坦然面对人自私的一面，才能够让大家保持理性的文明的态度，用一种平常心态以及平等互惠互利的方式去交流，让别人能为我所用。事实上，每个人其本身就是人生一场最大的风险管理，每个人既是管理的主体，又是管理对象，所以说一个人最终要战胜的不是外在的东西，而是自己。为什么很难战胜自己？是因为人的惰性、人的自私无法克制，人的欲望无法满足，因为无法满足的欲望，以及内心的自私，又因为自己不去奋斗，不去勤奋，不愿付出又想获得利益。如何实现个人的人生价值？不能一方面目标很高，一方面又对自己要求不严格，对自己的欲望没有一丝克制，反而让自己的欲望无穷无尽地膨胀。没有约束就没有发展，没有约束就很难实现自己的人生目标。一个人生活没有规律，不爱学习，不热爱自己的本职工作，换句话说不热爱自己的管理客体，又怎能奢求没有风险的人生价值呢？比如某人想踢好足球。其管理客体是运动和球赛，风险对象是他本人和足球。假如他想成为足球先生，但是他又不热爱足球，又不热爱训练，也不学习相应的足球理念，还没有一种为集体奉献的精神，想的就是他如何在足球比赛中进球，如何在世界杯上进球，如何谋取几十万几百万几千万的奖金，如何谋取虚名，而不去静下心来陶冶情操，不去增强体格，不去提高球技，缺乏一种团结协作的精神，那只是空想家而已，会面临巨大的对象风险。

确保管理行为安全有序。有效化解管理对象风险要求管理行为安全有序进行，形成良性的发展路径，而不能成为不良的秩序。比如，三鹿奶粉在改革开放初期是比较好的。有序的管理行为确保了管理对象即三鹿奶粉的质量安全，由此，三鹿奶粉为企业带来了巨大的利润。值得注意的是，三鹿奶粉生产数量的多少，会影响企业管理的运行状态。如果质量与消费者健康安全之间能够协调一致，如果数量与企业管理能够协调一致，如果管理人员的素质和能力与规范管理行为的规章和制度能够协调一致，那么三鹿集团的管理行为就是安全有序的。但是，企业一味地追求数量，不断地扩大生产经营，终于引发三聚氰胺的安全污染事件，直接导致“毒奶粉”事件的发生。最后，众多婴幼儿受害，而企业破产。

确保管理对象实用和有价值。任何一件物品如果没有它的使用价值，不管它有多么美丽，都没有任何实质上的意义。管理对象如果不能够给主体带来有价值的感受与体验，那么这种管理对象对于主体来说是可有可无的。对于不实用且没有价值的风险对象，主体应当如何去处理？主体对于没有价值没有意义的对象，应当坚决地予以抛弃。但是，这种具体的事物在管理过程中的出现是不可避免的。总之，管理对象要实用，要有价值。如果它给主体带来好处，主体就利用它；如果没有给主体带来好处，主体就改变它。可见，主体通过风险评估，可以对对象风险进行一个合理的预测和调整，有时也有必要进行转移和规避。当然，转移和规避是消极的风险处置行为，但是主体有些时候也要利用好这些行为，让管理对象的风险降到最小。

管理对象服务于管理秩序。管理对象不管是有利的还是不利的，不管是好的还是坏的，在主体的管理过程中都会出现。但是，总的观点是管理对象应当要让主体的管理过程达到有序的状态，俗称“到哪座山唱哪首歌”。主体在每个管理阶段都会面对这样或那样的管理对象，无数个好的有利的管理对象，最终形成一个总体的管理对象，实现主体的管理目标。

总之，对对象风险要有一个清醒的认识，掌握化解对象风险的一些原则和注意的事项，让对象风险向有利的方向发展，切勿让它阻碍和改变了正常的管理秩序。

第二章

…

主体的载体风险类型及其处置

不同的载体风险，所包含的风险内涵是不相同的。不同的风险载体因其自身固有的社会属性，引发和产生了形态各异的矛盾和冲突，对主体的影响也各不相同，因此需要从其社会属性出发，寻求相应的处置手段。本章主要是讲主体在设定的目标、追求的价值、追逐的利益、期望的结果等受到不利冲击时，该如何去分析和考察它们固有的风险因素、它们带来的负面影响，并讨论主体处置的方式和手段。

第一节　目标风险

一个人有什么样的格局就注定他有什么样的结局。目标风险是格局所引发的风险。个人越想站得更高，就越能激发自身无限的潜能和力量，就会更加笃定地向着目标勇往直前。同时，他在实现目标的过程中，会面临各种不可预测的风险。“高处不胜寒”就是目标风险的形象写照。

来看目标与风险之间的关系。当然，并不是说主体的格局更大，站位更高，主体就能够获取更多的利益，就能得到称心如意的结果。事实上，如果你想站在珠穆朗玛峰顶峰，但是没有坚强的意志，没有豪迈的气魄，没有敢于和大自然拼搏的精神，那么登上珠穆朗玛峰就是遥遥无期的幻想或空想。这正好说明一个敢于攀登珠穆朗玛峰的人，他就必然面临着巨大的自然风险和生命风险。由此，可以引申出主体树立的目标会面临着各种各样的风险。总体而言，目标越大，风险越大；目标越小，风险越小。这种情况下，可以从主体为实现目标所消耗的能量角度来考察。其意是，目标越大，它需要主体付出更多的努力，不但要有强大的内心，而且要应对外界环境的各种影响。瑞典化学家、发明家诺贝尔经过350多次实验，发明了甘油炸药。为此，他屡挫屡战，屡败屡战，付出了巨大的心血，足见他实现的伟大目标和他经历的巨大风险是成正比的。

当然，目标与风险之间的内在联系，也不是存在着完全一致的正比关系，就算再大的目标，只要主体经过客观合理的分析，通过不懈的努力，最终也能够化解目标风险；而对于懒惰和无知的人来说，就算目标很小，因他的无知和他的懒惰，他面临的风险也是巨大的。有一故事说一个懒惰的人，不爱劳动，连吃饭也要父母照顾。父母外出做事，怕儿子饿着，就在他的脖子上挂着烧饼。他的目标就是吃饱，但事实上因为懒惰，嘴边的烧饼吃完后，他不愿转动一下脖子上的烧饼，最终连烧饼都没有吃完就饿死了。不难看出，此人的目标虽然较小，但还是隐藏着很大的风险。

目标风险的形态表现如下：

分目标与总体目标的失衡。目标可以是主体对人生或者是组织对自身的规划。当主体设定总体目标后，因各种矛盾的突发性和不可预测，在某时间阶段某地点空间某行为过程中都会产生新的目标。总体目标能划分出很多小的目标，正是这些小目标为总体目标服务。主体既定的目标在分解和变异时，很容易出现各种失衡，原因是主体处置问题时容易出现认识上的偏差和行动上的过激和疏忽，有时很多小目标与主体最初的设想是背道而驰的。其原因，一方面源于主体个人认识的误差，这种误差随着时间的推移和环境的改变而改变；另一方面源于外在的影响，让主体远离总体规划。比如大学生进大学求学是为了干出一番轰轰烈烈的人生事业而积累知识。但是，有的大学生荒废学业，甚至走上诈骗等违法犯罪的歧途，诈骗财物是他此时的小目标，是为了满足一时的物质需求。事实上，他暂时的小目标与他人生的总体目标是失衡的，是不对称的。这种小的需求目标风险巨大，如果他不能幡然醒悟，改过自新，那么他将走向没落的灰暗的人生结局。

目标幻想。目标幻想指主体对目标的设想规划与客观世界是不对称的，是脱节的，表现为主体的道德和能力与目标是不符的。尽管主体艰辛地不懈努力，也很难实现目标。他的目标很难实现的原因，一是不符合道德的规定，二是不符合法律的规定，三是不符合客观事物发展的规律。因为不符合客观事物发展的规律，他设想的目标就是虚幻的。即使他以非正当手段获取部分结果，也将是昙花一现，因为他是违反道德和法律的。比如二次世界大战的罪魁祸首希特勒，他的不切实际的“宏伟目标”是独霸欧洲、亚洲、非洲，甚至全世界。他的目标是虚幻的，是与世界各民族追求独立平等和民主自由的价值理念背道而驰的。他为了达成自己的虚幻目标，将德国民众推向战场，对他国民众肆意杀戮。不管他多么努力，不管纳粹党付出多少，他和纳粹党都被世界民众推进历史的坟墓，留给德国民众无尽的哀伤和深深的苦难。这就是希特勒个人和纳粹党的目标幻想——军国主义霸占欧洲的不切实际的虚幻的目标造成的后果。由此看，目标幻想的风险之大是不言而喻的。

目标模糊。主体对目标的设定没有一个确定的认识，是模糊不清的，是迷迷糊糊的，就是目标模糊。当个人没有明确的目标，没有严谨的逻辑思维，没有对客观世界的正确认识，那么其目标就是模糊的。政党组织没有一个为社会为民族为国家谋发展的明确目标，那么它的目标是模糊的，最终会被社会、国家和民众所抛弃。日标模糊造成的后果，一方面是主体行为的不确定性；另一方面是让他人对主体的认识产生疑惑，也就很难促成主体实现目标。事实上，目标模糊给主体带来的风险是巨大的，它让主体不但丧失信心，缺乏斗志，还会在行动中面临各项困难。任何一项目标最怕的就是模糊不清。当然，不管主体得到他人的肯定，还是被他人否定，彼此互动的过程都能让主体获取相应的力量。如果主体认为目标是符合规律、客观真实的，能够获取知识和力量，就算主体没有获取肯定和支持，得到的是否定和反对，也可以获得建设性的修正意见，修正和改进目标方案时获得新的思路。光绪皇帝组织康有为、梁启超等人开展轰轰烈烈的戊戌变法，推行新政。但是，光绪皇帝没有一个明确的变法目标，他的变法目标是模糊的，没有拿出一个具体的维新方案，最重要的是没有保障和维护变法维新的强有力的手段和措施、能力。最后慈禧太后推翻变法，百日维新草草收场，维新目标成为泡影。究其原因，是光绪皇帝目标模糊、态度暧昧和手段软弱，以及当目标风险出现和来临时缺乏合理的认识和强力有序的处置措施。

目标不确定性。目标不确定并非目标模糊。目标模糊是目标内容的模糊，而目标不确定性是目标层次的混乱。主体规划和设定目标时一定要层次清楚，其目标要符合自然发展规律和社会发展规律。选定目标时不能只想一步登天，要量力而行，切实可行。

目标设置要层次清楚，明确可靠。目标的层次按物质需求、安全需求、自我需求和精神需求层面依次提高。当主体不能保证和实现物质需求目标时，切勿谈论安全需求，切勿祈求自我需求，更无从奢求精神需求。物质需求是个人最基本的生存需求，如果个人食不饱腹，那么接下来的任何目标都是难以确定的。满足物质需求是第一层次目标。满足安全需求是实现物质需求目标之后的第二层次目标，当个人不能确保基本的衣食住行时，便根本没有能力也没有资格来实现自身的安全。第三层次目标是自我目标。自我目标是实现个人的目标。精神目标是以实现个人信仰为人生的终极使命，如共产主义是共产党人的精神目标。主体只有这样层次清晰地往前发展，才能实现应有的价值，这也是目标风险的层次思维方式。

处置目标风险时，需要注意四个方面，即目标的可能性、目标的完整性、目标的价值和总体目标的坚定性。

目标的可能性。每个人设定的小目标要与他的总体目标相符合，与时代的价值观相符合。个人的目标不能脱离现实社会，否则目标是虚幻的，是不能实现的。辛亥革命后，袁世凯窃取革命果实，实现其“人生总体目标”——黄袍加身，当皇帝。但是，他的总体目标不符合时代的价值观，在现实社会中是脱离现实需求的，必将被人民抛弃，最后荒唐收场。可见，主体的总体目标与社会的价值需求是相互依托的，要与自然发展规律相符，与时代发展的经济、政治、文化等社会价值相符合。目标具有一致性，是主体的目标质量要向社会价值观看齐。

目标的完整性。每个人在设定目标时，不但需要考虑其可行性，还要考虑其完整性。目标完整性表现为形式完整和实质完整。形式完整是目标可以以量化的看得见的形态，给主体提供行动的指南和路线图。实质完整是构成目标的各个结构是科学有序的，包括目标与个人素质和能力的平衡，目标的价值层次与社会和国家层次的平衡，目标的实现具有必然性。如果主体设立的目标残缺不全，那么主体的行动就会支离破碎，没有一点实际意义，是做无用功。比如1863年诺贝尔为发明炸药，和他的父亲和弟弟在工厂试验硝酸甘油炸药不幸引发爆炸，弟弟在爆炸中不幸去世，工厂被政府取缔。但是，诺贝尔认为他设定的目标是完整的，目标的实现是必然的，是有实际意义的。通过锲而不舍的努力，他最终于1863年10月获得硝化甘油炸药的专利。诺贝尔设定的每项小目标都是其宏大目标的一部分，每项小目标都具有可行性，是完整的，也具有实现目标的必然性。他设立的诺贝尔奖是他实现人生目标的最好体现，也为后世科学家规划和实现人生目标起到了强大的引领作用，提供了巨大的精神力量。

目标的价值。主体考虑和设定目标一定要有价值。如果目标没有价值，那么目标在现实生活中就没有存在的可能性和必要性。只有实用的东西，只有有价值的东西，才能让主体为之去奋斗和拼搏，当然有价值的东西就必然带来风险。值得注意的是，如果目标没有价值，那么它给你带来的风险更大，因为对于没有价值的目标，你长年累月地去奋斗，最终却会毫无收获。请你一定要注意，没有什么风险比白白消耗美丽又宝贵的青春年华危害更大；没有价值目标的忙忙碌碌比有价值目标的蹉跎岁月，风险更大。

总体目标的坚定性。由上可知，类目标是总体目标的细化，这是从主体的整体格局进行的有意划分。事实上，当主体设定和规划好总体目标之后，面对各种各样的风险因素，有可能随时在修正和改变各种类目标，类目标之下又设定各式各样的项目标，项目标之下又分解为小项目标。当主体在修正和分解类目标和项目标时，极易受到理性认识的片面性和感性认识的迷惑性的影响，会造成偏离甚至遗忘了最初设定的总体目标，有时甚至南辕北辙。因此，在修正和分解各种目标时，特别是在行动时，就需要有一颗平静的心，不为内心的茫然和外界的刺激所迷惑，扰乱了计划，时时瞄准总体目标，勇往直前。习近平主席说“不忘初心，继续前行”。“初心”即是主体的总体目标。1921 年中国共产党成立，指导精神是马克思主义，总体目标是建立无产阶级专政。在漫长的岁月中，无论是处于顺境还是逆境，中国共产党都从来未动摇过对马克思主义的信仰。

由此可知，没有目标是不行的，有目标必然有风险。只要能识别和控制目标风险，就能到达目标的彼岸。但是没有目标，就会面临灾难性的风险，正如一艘帆船漂荡在太平洋中，没有目标，它必定会被狂风暴雨所吞没。

第二节　价值风险

目标越高，其价值越大。客体或对象的价值越大，主体面临的风险就越大。法国著名思想家卢梭说，人生的价值是由自己决定的。他说的价值即是个人给社会、国家和民族的价值量，个人的价值量取决于个人的创造和贡献。每个人创造的价值量与其本身的知识、能力、付出程度以及最大程度避免其他社会因素的影响存在着密切的联系。主体追求的价值量越大，那么主体面临的风险就越大。比如，如果你的生存是以最终自我生存安全为最基本的价值保障，那么衣食无忧就是你个人的最大价值。由此一来，你就不会关注农业科技和生物技术等方面的创新价值。中国杂交水稻育种专家、首届国家最高科学技术奖得主袁隆平先生，几十年观察、培育和改进杂交水稻，他在农业科技领域追求巨大的社会价值，贡献出巨大的社会价值量。然而，他在创新杂交水稻的历程中，遭受的困难和挫折是常人无法想象和承受的，他面临的风险也是巨大的。

价值与风险的关系是，价值越大，其风险就越大。个人创造价值受到各种因素的影响。价值量是正能量的聚集与负能量的减少。有价值的东西必然是正能量大于负能量的，并且它是符合道德和法律的；它不应当是通过违背道德、违背法律、违背社会自然发展规律来窃取和积累的。比如说一杯水，假如你远游在塔克拉玛干沙漠，口渴难耐，此时寻找一杯水，对你而言是有维持生命本体的价值的。然而，你在沙漠中四处寻找水的过程就有很大的不特定的自然风险和安全风险。

由此看，价值越大的东西，风险也越大。当然，存在的价值应当是符合道德、符合法律、符合社会发展规律的劳动结晶。如果是违反道德、法律和自然规律的事物，那么它的价值量是负的，其价值越大，带来的危害有可能以倍数的形式来表现。

而价值风险的形态体现为主体在实现价值过程中面临的风险。主要的风险形态有三种，即社会价值、自然价值和危险价值。

社会价值。社会价值是以社会形态的形式来体现客观事物的价值量。它是从社会的角度，从政治经济学的角度，从社会管理角度，或者是从社会总体的范围作评判的。值得注意的是，一般而言，社会价值量巨大的事物，它面临的风险应该是比较小的。为什么说社会价值量越大，它的风险相对来说比较少？因为主体对社会的认识， 须符合人的发展需求，符合社会的发展要求，符合国家的总体发展，符合民族的共同利益。正因为符合社会整体的利益，所以你在创造和实现社会价值的过程中，就不会受到社会的反对和扼杀，由此来否定你的行为。因为对你行为的约束和控制减少了，那么你所面临的风险就相对比较少了。孟子说，得道多助，失道寡助。他说的就是这个道理。总体而言，社会价值量越大，它面临的风险相对就较少。然而，主体在实现价值量的过程中，实际面临的风险与主体理想中面临的社会风险是成正比的。辛亥革命的目标是推翻清朝的腐朽统治，创建共和，让积贫积弱的旧中国走向民主共和的新社会，它的社会价值量是巨大的，但是它面临的现实风险也是巨大的，那就是遭到清朝政权及保皇派的打击和扼杀。

自然价值。自然价值是主体在管理过程中创造的自然价值总量，它是不以人的意志为转移的，而是与自然发展的规律相吻合、相一致、相平衡的。比如袁隆平在安江农场试验杂交水稻，创造的自然价值是巨大的，他创造的自然价值还对社会价值产生了巨大的贡献。事实上，袁隆平在创造杂交水稻的自然价值的过程中，面临的风险是繁杂的和巨大的。可见，自然价值与风险成正比关系，即自然价值量越大，风险就越大；自然价值量越小，风险就越小。袁隆平不断地选种和改进，一次又一次探索，2017 年时将水稻由原来的亩产七八百公斤提高到亩产一千一百多公斤。他为人类创造巨大的自然价值的同时，付出了艰辛的努力，花费了大量的心血。

危险价值。危险价值意为价值是存在的，但价值代表的社会价值量与自然发展不相符，与人类普遍遵循的价值观背道而驰。对主体而言，价值量是最大的，但是它的实质是很危险的。其主要表现在国家层面和个人层面。从国家层面来说，国家为了社会价值过度开发和利用自然价值，自然价值与社会价值的巨大差异形成新的危险价值。第二次世界大战时，为迫使日本投降，最终美国决定向日本广岛和长崎投下原子弹。利用原子弹是通过释放巨大的核能量实现自然价值，通过自然价值中的毁灭性冲击，来达到摧毁日本法西斯暴行、实现和平的社会价值。然而，从国家和社会层面而言，特别是从人类的生命健康来说，原子弹是危险价值，这也是当今全球限制开发和利用核武器的原因所在。从个人角度来说，比如盗窃犯罪，被告人实施盗窃的动机或目的是获取非正当的财产利益，以此来满足私欲。然而，这种盗窃财物的危险行为带来危险价值。被告人面临的危险价值是巨大的，必将受到法律的审判。

既然价值有面临相应风险的可能性和必然性，那么用一种什么样的思维方法来处置它，让价值与行为或者目标相一致，让追求的价值达到一个合理的状态，真正实现人生目标呢？通过观察和思考，处置价值风险有三种思维方法。

社会价值符合社会道德和法律。对社会价值最基本的要求就是要符合道德和法律。个人在为社会服务的过程中创造出自身价值的同时，他谋取的社会价值也应当符合社会整体的道德规范，也就是人性中最基本的价值观念，如诚实、守信、互利等；应当与民族价值总体的需求相符合，如自强不息等。主体在创造和追求社会价值的过程中，不能背离社会道德这一准则。比如作为一名中国外交人员，最基本的社会价值就是为国家的利益服务，此时最基本的要求就是他作为一名中国人不能卖国，不能够拿着国家的福祉和利益填满个人的腰包，而应该为中华民族奋战，时刻警惕敌人的渗透和打击，应该为传播和传颂伟大的中华文明而鞠躬尽瘁。创造社会价值必须符合法律的规定。法律是国家以看得见的刚性规范对全体公民或组织的总体约束。有人说，法律是国家统治阶级意志的表现。不管法律是国家总体意志的表现，还是统治阶级意志的表现，或是广大群众意愿的表现，它体现的是由立法机关判定向大众公布并得到公众认可的一种行为准则；它是一种看得见的形式，这种形式体现为具体的权利和义务。也就是说各类主体在创造社会价值时，都要守法而不能违法。比如外交人员，应该为民族做事，为国家做事，而不能够背叛祖国，不能够将国家的秘密泄露出去。背叛祖国、泄露国家秘密，谋取私利，不管曾经创造或贡献的价值量有多大，他必将受到国家和人民的指责和惩治。

自然价值符合自然规律。主体追求的价值量越大，面临的风险就越大。主体在处置自然风险过程中应当以自然发展的总体规律为判断准则。如果主体在管理自然风险过程中完全与自然规律背道而驰，那么主体将一无所获。

物质价值和精神价值相统一。物质价值是事物自身的物理能量，满足人的生理需求，或满足其他事物发展的物理和化学需求。精神价值主要是给人一种心灵的满足，一种人对世界的价值认识。由此来看，物质是精神的基础。精神价值是基于物质价值上的更高层次的价值满足，也就是说个人在满足物质价值的基础上才能够追求精神价值。如果一个人连吃饭都吃不饱，还谈什么艺术创作，谈什么追求艺术的精神价值呢？如果一个人连住的地方都没有，那怎么谈得上安居乐业？由此看，只有物质价值满足后，才有精神价值；一个人只有克服了物质价值所带来的风险，才能克服更高层次的精神价值的风险。当然，也并不是说只有避免了物质价值的风险，才能做好精神价值的风险处置。汉朝史学家司马迁身受腐刑，艰苦过日子，他的物质条件和他所处的生活环境是非常清苦和艰辛的，但他没有因为身体受到伤害、生活困难，而抑制对精神价值的追求。事实上，他创作《史记》所引用的史料，还有着鉴别真与伪的精神价值风险。但他经过刻苦努力和走访考察，仍旧创作了流传千古的经典著作。他的这种严谨客观的创作精神让后人折服。今天有些论文和著作，要么是这里抄别人的一段，要么是那里截别人的一节，东拼西凑，由此产生的精神价值的风险是不言而喻的。

世间的一事一物，唯有价值或者说价值量，才有让你追求和创造的意义。没有价值的思想，是虚无的，是堕落的；没有价值的行动，是多余的，是作茧自缚。你在设想、规划和实现价值的过程中，需要志存高远，又要量力而行。只有合理控制价值风险，才会劳有所得，你的收获才会物超所值。

第三节　利益风险

其实，主体的管理过程就是追求利益和分配利益的竞争行为。事实上，主体在追求利益或者是在平衡利益的过程中，不但要考虑自身的风险，而且要考虑外界对他带来的各种影响和冲击。也就是说，因为利益冲突，所以风险无处不在。没有风险的利益是不存在的。人生最大的风险是生存的风险，假如一个人不顾生死，那么他谋取利益的行动会是多么的激烈。然而，假如他为一时的所得，而把生命当玩笑，那他该是多么的无奈和可悲。人活着，是对自己的尊重，是对父母的尊重，是对大自然的尊重。为了外在的过剩的物质，去挑战生命的风险，是否有这个必要？当然，人活着并不是说苟且地活着，并不是说好死不如赖活着，而是说人谋求生存的利益应当是正当的利益，是符合法律的利益，是符合道德的利益。

利益风险是如何形成的？主体对利益欲望的不饱和程度决定了风险的可能性和不确定性。正是主体对利益的无限需求，带来了风险的存在。如果主体没有对利益的需求，那么风险是不可能存在的。也就是说只要主体滋生对利益需求的欲望，就有可能面临利益风险。孙中山先生组建同盟会，他到美国、日本等地开展“驱除鞑虏，恢复中华”的反清活动。他的愿望和目标是推翻清朝政权，天下为公。正是他的愿望引来了巨大的利益风险，他面临的个人风险是被清王朝悬赏巨额白银赎买头颅。这说明，追求利益的欲望会带来利益风险的可能性和现实性。

对利益的占有造成了风险的必然性，也就是说一开始是个人主观的东西，当主观的东西通过行动去创造和实现，对利益实际控制和占有时，那么必然出现或发生各方为利益而进行残酷争夺的现象。事实上，每个人在夺取利益时，一方面往往想追求己方利益的最大化，另一方面又要抑制或削弱他人追求利益的最大化。人类进化和发展的曲折历程告诉人们，在利益的交换、分配和重组过程中，人性之恶所酝酿和造成的利益风险都是必然的，是无处不在的。由此观察，对利益的占有决定风险必然存在。

利益与风险的相互关系表现为以下几点。

价值是利益的本质。有价值的事物才是利益的对象，有利益的地方必然有风险。主体得到的价值越大，利益就越大，风险也就越大。比如阿里巴巴原董事会主席马云先生面对的风险是互联网的残酷竞争。最终，阿里巴巴在中国落地生根，并开花结果。他妥善处理企业在香港的退市、股权回购等巨大风险后，带来了一万亿网购销售的巨大价值[①]，由此获取的利益也是巨大的。需要注意的是，在获取利益几何式增长的背后，隐藏着网络不确定、民众诉求和同行利益分割等因素的重大风险。

---

① 阿里巴巴集团编著，《马云内部讲话 2》，北京：红旗出版社 2013 年版，第 236 页。

利益与风险共生。没有风险的利益是不存在的。也就是说，有利益必将有风险。比如暴雨过后，河边漂游着一条大草鱼，你想把它捞上来，此时捞鱼的风险就随之而来，表现在滑倒、落水、受到洪水的冲击和其他不明物的撞击等方面，还包括他人的争抢。获取利益总是存在风险的，利益越大，风险必将越大。秦始皇病逝后，李斯和赵高篡改诏书，传位于胡亥。胡亥继任皇位后，他面临的风险不但来自对他自身能力的考验，而且来自赵高独揽朝纲的威胁。后者对胡亥来说是不正当获取皇位利益的最大风险。可见，在追求利益的过程中，利益就如同价值和风险的关系，有多大利益，就有多大风险。不难判断，个人追求的利益需要跟个人自身的能力相符；一个组织追求的利益需要与组织的章程和服务能力相符。如果个人的能力有限，而个人所追求的利益又很大，那么个人面临的风险往往是巨大的，甚至有可能自取灭亡。

利益范围影响风险的广度。利益范围是在管理过程中利益的种类界限。主体追求利益的界限越宽，风险也就越广。单个利益是单个风险，多个利益是多个风险，复合利益是交织的复合风险。百团大战的战火燃烧在华北地区两千多公里的战线上，敌后军民作战 1800 余次，它涉及的战略利益是非常巨大的，风险的广度比单次战斗要大数倍甚至几十倍。即使面对如此巨量的风险，彭德怀运筹帷幄，指挥有方，打击了日军的侵略气焰，取得战略性进攻的巨大利益。

利益大小决定风险的强弱。利益大小取决于利益量的多少。主体追求利益的量越大，其风险的强度也就越大。比如，鲁迅对历史与现实、对传统的思想文化进行深入地思考后，越发感到思想革命的重要性和迫切性。[①] 他弃医从文，利益量的大小依附于他对黑暗现实的洞察和思考。具体来说，是对传统文学的素养和深造，是对现实社会思想革命的深刻认识和感悟，是文学创作的高度和深度。同样，如果没有对国情的全面认识，如果没有对“人血馒头”麻木不仁思想的心灵体会，如果没有创作思维和形式，那么他便面对不了实现精神解放所要解决的困难，也就做不到弃医从文想要实现的目标。

既然利益风险如此巨大，主体该用什么恰当的思维方法去处置利益风险呢？

国家利益是主线。不管是个人或者政党在管理过程中，必须考虑，也应当注意以国家利益为出发点和归宿点。当主体违背或失去国家利益时，主体的利益都是暂时的，都是狭小的。不管是主体所设想的利益，还是主体获得的利益，都应当以国家的总体利益为主线。维护国家主权和领土完整，实现祖国完全统一，是全体中华儿女共同愿望，是中华民族根本利益所在。2018 年 3 月，习近平主席在第十三届全国人民代表大会第一次会议上说：“维护国家主权和领土完整，实现祖国完全统一，是全体中华儿女共

① 刘家鸣编，《鲁迅代表作》，郑州：河南文艺出版社 1996 年版，第 3 页。

同愿望，是中华民族根本利益所在。我们伟大祖国的每一寸领土都绝对不能也绝对不可能从中国分割出去。”个人利益是国家利益的组成部分，没有国家利益的个人利益，就像天空中的流星一闪而过，有点美，但不长久。也可以说，当个人利益没有国家利益作为后盾时，那么个人利益是不能持续很久的，就会像露水一样消逝。任何个人利益都离不开国家的保护，否则，个人利益将不复存在。比如说吴三桂抛弃大明王朝，投降李自成，后归顺清朝，到年老又反清叛乱。吴三桂为一己私利，先后抛弃国家利益，成了一个丧失大节的人，最终埋葬了自己的个人利益。

共赢共享。共赢共享是兼顾各方的利益，重点关注的是主体在实现和获取利益需求的同时，尊重并最大限度满足参与各方的利益需求，以保证管理事务的正常有序进行。当前，中国实施“一带一路”倡议，是共同打造政治互信、经济融合、文化包容的共赢共享的利益共同体、命运共同体和责任共同体。中国不但通过“一带一路”实现国家经济的繁荣昌盛，也要让参与“一带一路”的国家和地区得到他们应该得到的现实利益，实现彼此繁荣富强。然而，“一带一路”倡议面临的风险也是繁杂的，但是中国追求利益共赢的目标和措施降低了开放的风险。

用法治思维看待利益。主体获取利益的行为和过程应当遵守法律。也就是说，主体在获取利益的时候，要以不违反国家法律为前提。当国家平稳安定有序时，任何主体违反法律，必将带来巨大的风险。他所获取的利益必定被国家所追缴或没收，因为当国家安定和谐时，对各种利益的来源和分配均有宪法和法律的界定和约束。任何违反宪法和法律，从中获取利益的行为，必然受到法律的惩治。需要注意的是，从社会的需求管理来看，如果主体的目标更加符合社会需求的价值目标，那么其利益风险则相对较小。比如说，孙中山先生领导的辛亥革命，推翻了 270 多年的清朝，他所获取的利益，应当说符合国民大众的价值需求，那么他的行为就不应当受到清朝政府的法律评价，而应该以现实的符合大众需求的、符合大众终极目标的价值评价准则来评价和考察。一般来说，利益的获得要符合法律的规定。法律是统治阶级意志的体现，当获取利益的一方是统治阶级时，其获得利益的风险相对较小；如果获取利益的一方是统治阶级的对立面，其获得利益的风险则相对较大。

利益需求平衡。主体对于利益的获得，应当有一个科学合理的分配规则和机制。也就是说，主体获取利益的多少和大小，应当符合客观规律，应当以主体的智力和能力为基线，使智力和能力与所承受的风险相对应。换一种角度看，主体获得利益的质和量与主体面临的风险的质和量，基本上要达到一个平衡的状态。如果主体获取利益价值的质和量高于主体风险的质和量，那么主体有可能会受到他人的抵制和批判；或者因此遭遇新的不稳定因素。如果主体获得利益的质和量小于风险的质和量，那么主体的付出比得到的要多。如果主体所得利益的质和量符合道德和法律，那么主体遇见的风险就能和利益成正比，这也是按劳分配的价值标准。

残酷的现实是，每个人一方面想获取最大利益的质和量，另一方面又不愿意承担巨大风险的质和量，就像是一名运动员想成为世界冠军，但他又不愿承担勤学苦练的风险一样。

第四节　结果风险

世间万物都有因有果，但是否存在无因之果或者是否存在有因无果？对于这个问题，它涉及哲学方面因果论的重大问题。此处考察的结果风险，侧重点是观察结果带来哪些风险，或者说主体在管理过程中，获取的结果是否有风险的存在。直观来讲，比如你在创作中，通过有效的构思和创作行为，获取了一些理论结果，它是否会给你带来风险。或许有人会说，自己创造所得的结果难道还有风险？答案是肯定的，还是会有风险。事实上，就从个体而言，通过辛勤的劳动，创造了物质结果，或者是精神结果，结果的属性就会面临各种风险。比如，你创作的一首诗，如果诗的内容是违反道德的，那么会面临因亵渎道德而被人指责的风险。布鲁诺捍卫哥白尼的日心说，坚守地球绕着太阳转是客观存在的，但是日心说的结果在当时依旧承受着巨大的宗教风险，最后宗教法庭判了他死刑。可见，结果与风险有内在联系，也就是说有结果就有风险。当然，结果对风险是有利还是有弊，是在哪些方面？

如何让获取的结果对你有利，以避开不利的一面？这些问题需要你谨慎对待。

主体在管理过程中即将获得的结果或者说已经拥有的结果，将面临各种风险，体现在以下方面：

结果的属性。从结果的属性来说，结果有物质方面的，有精神方面的。物质结果是主体付出劳动生产力，从中获取的自然结果，它是以物质的数量和质量来满足主体在某方面的物质需求，体现为物理或生理上的满足。比如你辛勤劳动，日出而作，日落而息，获取了水稻、红薯、玉米、大豆和花生等农作物，这些就是物质结果，它们维系着你的生命健康。精神结果是主体在管理过程中形成的具有价值的精神产品，或者说是为了满足大众需求的精神食粮。精神产品包括权力、艺术作品等有形或无形的载体，它给予主体心灵和精神上的满足。比如说齐白石绘画虾、瓜果等，每幅作品就是一项精神结果。精神结果给大众带来心灵上精神上的慰藉。然而，精神结果既可以给人一种积极向上的精神动力，也可以给人一种消极的精神影响。不难看出，结果的属性带来不同的风险因素。为什么这么说？因为结果本体释放的不利因素会给主体带来精神或者物质上的风险。比如说花生，如果它没有变质，它满足的就是生理上的健康需求；如果它变质了，滋生黄曲霉菌，导致的不健康的因素就会诱发你身患疾病。又如歌德创作的《少年维特之烦恼》，这是一本文学经典，但极少数青少年阅读后产生一些轻视生命的不健康的想法，有的甚至草率结束生命。

结果失去价值。当结果失去价值时，它不但让主体失去了占有结果带来的满足感，更危险的是没有价值的结果会给主体带来负担。因为结果是利益竞争的产物。简而言之，结果是一种利益的表象，获取利益的本质是一种相互争夺社会资源的残酷的斗争。主体为了争夺社会资源，即都想或实现占有特定对象的结果，按法律规定，谁劳动谁就获取结果。但是，也不排除少部分人想不劳动而获取结果，追求无因有果的现象。此种现象的出现是因为人投机取巧的复杂性，想以较小的或是零的代价换取巨大的投机结果。这种不符合道德和法律的结果，引发少数人对它趋之若鹜。当投机结果出现时，这少数人便掀开人性的面纱，赤裸裸地争夺。

结果消失。结果存在风险，那么结果消失是否有风险？结果消失时，给个人带来心理上的惋惜和需求的缺失，由此产生一种颓废、消极甚至是绝望的悲观情绪和极端行为。林黛玉因失去了和贾宝玉美好的爱情之花和长相守的结果，导致相思病的加重，乃至香消玉殒。由此所见，结果消失也会带来风险。

结果风险的不可预测性。结果的存在，既会带来有利的一面，也会带来不利的因素。有利的一面是确定的，是可以预知的；不利的风险是不确定的，是难以预知的。反之，如果主体能够确定其行动能带来必然的有利的结果，那么主体就能够完全实现目标，对各种客观或者主观的因素，主体就会有正确的预测和判断。当有利的因素可以预见时，就能够达到主体所预定的结果。当然，当不利的结果可以预测时，不利的因素也就可以预见。1864 年曾国藩领导的湘军攻克天京（时称江宁，今为南京），洪秀全领导的太平天国失败了。湘军战胜太平军的有利结果，对曾国藩而言，事先已经预见了有利的因素。首先他有清朝政权做后盾，其次通过他的铁腕管理，强大的湘军足以战胜太平军。不利因素产生不利的结果，是必然的，是确定的，但亦是不可预见的。为什么说不利的结果是必然的，同时也是不可预见的？因为存在主观和客观两方面的原因，内在的主观原因诱发行为的多变，外界的客观原因阻碍行为的推进。多变和退却必然带来不利的风险因素，并且是你无法预知的。湘军战胜太平天国，对清朝而言是有利的结果，对曾国藩来说，却属于不利的结果。是什么不利因素导致不利结果的出现？因为曾国藩领导控制的湘军对清朝构成了新的巨大的威胁，以慈禧太后为首的清政府对曾国藩产生了一种难以言表的巨大的恐惧和猜忌。此时曾国藩处于危险之中，裁撤湘军就成为他化解政治风险的必然措施。

当结果已经发生，主体对其带来的有利或不利的影响，应该用一种怎么样的思维方法来正确对待和处理呢？

辩证看结果。“塞翁失马，焉知非福”的故事说的是当塞翁原来的母马走丢后，不但回来了，还带回一匹公马，接着他的儿子骑骏马，摔下来成了残疾，又因为残疾免去参军，保存了性命。故事出现了多次结果和风险的转换。首先是马丢失，是不利的结果，是不利的因素；其次带回了骏马，不利的因素转化为有利的结果；再次其儿子造成残疾，有利的因素又带来不利的结果；

最后其儿子免去参军，保全性命，不利的因素又转化为有利的结果。塞翁失马，焉知非福，正好说明祸福紧紧相扣，彼此转化。这个故事说明结果既可能是福，也可能是祸！也就是说，结果的发生可能是有利的，也可能是不利的，要用辩证的思维来看待。

波浪式思维路径。波浪式思维路径提示和引导主体遵循的原则是，对结果的获得在层次上应是从低层次向高层次；程度上从简单到复杂；数量上从小到大；质量上从差到较好到好。司马迁的《史记》，是他二十多年数次修改完善的结果。他每次创作就有一次结果。正是因为这种波浪式思维方式，他的作品不断完善，最后成为中国传统文化的旷世经典。

螺旋式思维路径。结果的实现，是主体对行为从肯定到否定、否定到再肯定的螺旋式曲折运动的过程。事物发展不是直线的，而是曲折复杂的，是斗争的统一。获取结果的过程是艰巨的，需要主体意志坚强，锲而不舍。改革开放总设计师邓小平的人生三起三落，即是他获取人生精神成果的螺旋式发展过程。

结果有价值。追求没有价值的结果，那是徒劳的，白白消耗生命的能量。就算结果有价值，也还要保证其价值是正义的。否则，非正义的价值结果比没有价值的结果，风险更大。比如，希特勒领导的纳粹党，该党已经存在，并有了结果，其结果是将世界人民卷入第二次世界大战。但是，因为它的价值量是反人类的，是以霸占欧洲、屠杀犹太人为目的，所以它最终被正义消灭。可见，尽管其结果对希特勒个人和纳粹党的价值是较大的，但由于其结果价值是与全世界的总体价值相违背的，所以，他们也就面临被国民抛弃和埋葬的巨大风险。结果的价值体现为物理价值和精神价值，结果要么具有物理价值，要么具有精神价值，要么两者兼之。物理价值应当符合自然规律，精神价值应该符合好的价值观和精神需求，符合国家和民族的整体利益。

人人都想赢得成功的结果，但是，在通向成功的道路上，荆棘丛丛。如何不被棘刺伤了心和手，则需要你深刻体会《道德经》所言“果而勿矜，果而勿伐，果而勿骄，果而不得已，果而勿强”。

第三章

…

客体风险的基本类型及其处置

风险主要源于自然、经济、政治和文化等系统，这些风险构成了客体风险的基本类型。人类来源于自然，自然给予了人类生存和发展的环境。自然风险不可规避且破坏力大是任何主体不得不面对的客观存在的现实问题。虽然自然不以人的意志为转移，但是人类可以改造自然，利用自然，通过对自然的深刻认识来降低自然风险的影响。社会性是人的最主要、最根本的属性，在生产、分配、交换和消费等过程中，产生了经济、政治、文化等社会关系。社会性的满足固然可以带来安全感，但同样存在着经济、政治、文化等方面的风险。相对于自然风险的“月有阴晴圆缺”来说，主体因经济风险、政治风险和文化风险的层次性和差异性，会面临更多的与自身利益直接相关的“人情冷暖”。本章考察自然风险，试图解决的问题是“人在自然中的生存和发展”，考察经济风险、政治风险和文化风险，试图解决的问题是“人在社会（人）中的生存和发展”。

第一节　自然风险

2017 年 8 月 8 日晚上 9 点 20 分许，笔者入住的西安市某酒店 16 楼的房间突然晃动，书桌和座椅左右晃动，房间四壁吱嘎吱嘎，响声不绝。见此情形，笔者第一反应是发生地震了，没有携带任何物品，把门一关，便从楼道跑到一楼。此时马路上挤满了惊慌失措、神色各异的人。事后得知，当晚 9 时 19 分在四川九寨沟发生了 7.0 级地震，造成了 19 人死亡和其他重大财物的损失。通过此次亲历所见所闻，我感受到大自然的威力是多么的巨大。大自然不但给人类带来了物质财富，给人类提供了优美温馨的生存家园；同时也带给人类恐惧和痛苦，不但造成人类财物的巨大损失，也会给人类的生命健康带来巨大的威胁。

自然风险是什么，就是由大自然引发的风险因素。大自然既有美丽的一面，也有残酷的一面。当人类破坏大自然、反抗大自然，与大自然为敌时，大自然也会掀起温馨的面纱，给人类造成巨大无比的破坏，诸如地震、海啸、冰雹、旱灾、洪灾、蝗灾等自然灾害。

自然与风险的关系表现为：

有自然平衡就存在自然风险。自然界从整体来说是平衡的，不管是内在的还是外在的，均是平衡的统一体。外在的是大气、山川、树木、湖泊、草原、沙漠、黄土、海水和生物物种等各种自然要素，它们共同构成了统一和谐的大自然。沙漠的形成，与地壳运动有一定的关系，但最重要的原因还在于人类的过度开发和利用影响和削弱了大自然的平衡，但是大自然总体上是平衡的。地球的内部是平衡的，它将内部能量控制在合理的范围内，这是从地球的内部结构来说的。如果从地球的表面来说，地球的外在表现是陆地和海洋。随着地壳运动，在陆地的表体又形成不同的物质形态，表现为山脉、高原、沙漠、草原、丘陵、沼泽、平原、江河和湖泊等生态环境，它们的结合形成一个良好的内在循环。生活在陆地和海洋环境中的各种植物和动物，彼此共生。大自然总体上是平衡的，如果它在此方面受到障碍或破坏，那么它在彼方面就得到发展或重生。例如火山爆发，它有可能形成海啸，也有可能危害周围的现有环境，但它释放的巨大无比的能量让地球内核的总能量维持平衡，同时它喷出的熔岩形成新的物质，带来了地表物质的多元化。由此看，地球的本体是总体平衡的。

地球在平衡的过程中，因自身结构的调整产生巨变，或因外界的破坏引发灾害，调整和破坏都将产生各种风险。其实，平衡是事物与事物之间克制与反克制的交换和制约的过程。克制与反克制都会形成矛盾，由此形成了风险因素。大自然的风险是无时不在和无时不有的。每个人生活在狭小的地域空间中，看到的只是地球的一丁点，面临的自然风险只是某方面或几方面。但是，假如你站在太空，眺望美丽的地球，就会发现，不管是在陆地还是海洋，不管是亚洲还是美洲，不管是北极还是南极，时刻都发生着各种类型的自然风险。也就是说，自然风险是永恒的。

自然的破坏力。自然风险产生的巨大能量，会对人类造成巨大的破坏，其破坏力与自然风险的种类和强度存在着密切的联系。同时，自然风险的破坏力与地球释放的能量是成正比的。平衡在某方面某节点受到压抑或破坏时，会爆发出巨大的能量。地球释放的能量越大，其破坏力也就越大；释放的能量较小，破坏的力度相对较小。比如地震，如果是 3 级地震，那么它是轻微的。如果是 4 级地震，那么它将在震源中心范围内产生巨大的冲击力；如果是 8 级地震，那么它将造成巨大的破坏。如 1976 年 7 月 28 日 3 时发生的唐山大地震，夺走 24 万多人生命，造成重伤 16 万多人，轻伤 36 万多人，直接经济损失达 50 多亿元。[①]

自然的裂痕决定了风险的种类和范围。世事万物，分合互替。正如以上所讲，自然的总体平衡与自然风险相互依存，自然裂痕是自然总体平衡的调节途径，也是自然风险的直接表现。自然裂痕包括自然风险如海啸、旱灾等，还包括感受不到的即将发生或已经发生的地球内核运动，内核运动改变或影响了区域磁场强度。

认识自然的能力。人类认识自然风险的能力如何？当人类能够全面认识自然时，相应地对自然风险就有一个全面的深刻的认识。如果人类对自然风险的认识是肤浅的，甚至是漠视或者是一

① 袁素娟、王丽等，《1976 年唐山大地震史料研究及利用》，《兰台世界》2013 年第 8 期。

无所知的时候，自然风险给人类带来的冲击将是巨大的。这就是人类因为无知而必将受到的破坏和惩罚。五千年的中华文明，认识自然、改造自然的智慧成果琳琅满目，举不胜举。就拿四大发明之一的指南针来说，指南针让人类认识了地球的东南西北，不至于迷失方向。对自然风险的认识，最重要的是人类如何对自然界所发生的各种现象有一个科学的认识。美国科学家富兰克林对雷电的探究，为人类认识和利用雷电提供了宝贵的经验。人类有必要发挥各自的能力，发挥各自的聪明才智，锲而不舍地观察和分析自然现象，通过自然现象发现大自然隐藏的各种风险因素。通过对自然的认识发现自然规律，形成系统理论，人类就能更有效应对自然风险。比如地震，不但需要个人深刻细致的分析，更需要相关组织和政府积极考察分析地震的现象、成因，做好地震后的补救措施。

虽然大自然威力无穷，但通过学习和分析其中的规律，人类便能科学有效地处置自然风险。自然风险产生的主要原因有以下几种：

自然界的内在调整。地球犹如一个生命体，它有各种内在的系统，只有这些系统作为一个整体有序运转时，才能保证地球健康发展。但是，地球不可能总是处于一种平衡状态。地球受到宇宙的控制以及内在磁场的相互作用，从而形成各种自然要素的差异化，进而导致其在某方面的改变。当某方面改变时，也就影响了它内在的平衡。破坏其内在的平衡，就会引发一种或多种不稳定的因素。当不稳定因素聚集膨胀时，地球就会通过地震、海啸、洪水、冰雹等各种形式释放出不稳定因素所具有的能量，从而达到新的平衡状态。也就是说，地球经过内在的驱动，通过内在的调节，内在的自我完善，内在的异化与同化，形成一个合理有序的循环体。

人对自然的奴役。人对自然的奴役是人类将自然看作一个可以支配和使用的对象，不尊重自然发展的客观规律。人类对自然界只有攫取，没有奉献；人类没有用一种平等的精神、一种友好的态度，来对待美丽又神奇的大自然。也就是说，人类将自然界当作人类的私有财产，任意挥霍。值得注意的是，当你剥夺某一有价值事物的同时，你也将被对方抛弃，这是事物之间对等的原则。人类对自然界的奴役，带来的最大危害是破坏了自然的平衡。当人类破坏自然界某一事物时，人类失去的是该事物给人类带来的良性影响，由此造成对自身的破坏和损失。比如人类因对木材的需求而滥砍滥伐，毫无节制的滥砍滥伐造成了树木稀少。树木是大自然的空气净化器。当人类滥砍滥伐时，很多森林变光秃秃的了，由此带来巨大的风险：首先是空气污染的加重，其次是沙漠化、山洪等地质灾害的频繁发生，因为树木对沙漠和洪灾起到很大的缓冲和阻挡作用。人类对大自然的奴役，源于人类欲望的不可饱和性，物质贪欲越多，对自然攫取就越大。然而人类给予大自然的比较少，缺少对大自然的保护。如此看来，人类对大自然的获取应当慎之又慎，对大自然的改造，人类需要控制其在合理的范围内，以确保自然界的整体平衡。

认识的狭隘性。人类对大自然的认识还不够全面和深刻。从世界范围来看，自然科学家对雷电、海啸、地震等各种自然现象，进行了大量的比较全面的测量、观察和分析，从中找出了部分规律，但总体而言，人类对大自然的认识是部分的，而不是全部的；是片面的，而不是整体的。人类对大自然的认识受到情感、智慧和能力等各种因素的影响。因自然风险因素的不稳定性，造成了人类对自然认识的狭隘性，进而产生各种不同的风险。事实上，同类风险发生在同一地点，因认识的不同、风险程度的不同和处置手段的不同而产生的许多不确定的因素和事项，依旧让人类束手无策，损失惨重。

自然风险的不可控性。自然风险的产生不以人类的意志为转移，不是因为人类的认识就能够完全改变，它是客观存在的。[①] 比如病毒，当病毒暴发时，通过病理医学专家艰辛地观察和分析，事后可以找出并确定诊断和治疗的方案。但是，当某种未知的病毒大面积甚至全球暴发时，人类很难及时预测、分析和评判，很难及时找到应急措施和治疗方案。又如台风，现在通过卫星实时监控，可以预测台风的形成和破坏力，但不可能阻止台风形成，台风的破坏力是巨大的。自然风险发生的时间节点和它的破坏力，人类是很难估计的。当然，如果人类知道它发生的时间节点以及它破坏的程度，那么人类就可以采取积极的补救措施，降低损失。

---

① 谷明淑等著，《自然灾害保险制度比较研究》，北京：中国商业出版社 2012 年版，第 31 页。

行动迟缓。行动迟缓是自然风险来临时，主体因认识的模糊导致处置行为的迟缓。表现为个人因自然风险的不可抗拒而产生的观望等待，甚至怨天尤人的消极情绪和行动；组织主体的松散，各自为政，抱着“各人自扫门前雪，哪管他人瓦上霜”的自保思想；政府没有统筹安排，不能有效组织各部门协调采取全局抗灾救灾的集体行动，等等。

天有不测风云。既然自然风险无处不在，那么该如何看待自然风险，如何处置自然风险？

自然风险的长期性。人类生活在地球上，人的发展是自然发展的历史片段，人类能够认识自然，能够改变自然，其本身就是于自然风险中衍生出来的。如果没有自然风险的存在，没有自然界物种的延续和变异，人类就很难从类人猿的直立行走，进化到文明社会。这种演变和进化正是介入了气候变迁、大地震和海陆变化等自然风险因素。对人类的进化来说，这些巨大的自然风险带来了有利的结果。自然风险的长期性源于自然的内在平衡，当自然某方面受到破坏和损害时，此时在另一方面恰恰予以重生和补偿；当自然的某物质或事物受到破坏时，此时往往产生一种新的物质或者事物。自然风险的长期性提醒人类需要以一种平常的心态，居安思危，去看待各种自然风险，而不能以一种违背自然意志的狭隘的愚昧思想，去埋怨甚至逃避自然风险。

自然风险的必然性。自然风险是必然存在的，给人类带来巨大的伤害，不但毁坏人类的财产，也给人类的生命健康带来巨大的威胁。一个人在自然风险面前是渺小的，一个国家在自然风险面前也是渺小的。比如唐山大地震，给人民群众的生命和财产造成了巨大的损失。

科学合理应对。当自然风险发生时，人类不能意志软弱、思维涣散、行动慌乱，更不能袖手旁观，不能抱着愚昧的思想，认为这是上天的报应。此时需要人类意志坚定，秩序井然，以最快的速度去化解自然风险带来的巨大危害，制定一套科学合理的处置方案，动用各方力量去处理风险。比如瘟疫和重大传染病，传播迅速，危害巨大，如果处置失当，应对失误，不仅严重影响人民群众日常生活，还会造成人心恐慌，社会不稳。对此，政府需要健全国家公共卫生应急管理体系，有效预防、控制、化解、消除重大急性传染病等公共卫生事件，既要强化体系建设，还需从制度机制层面理顺关系，强化管理。有了一个完整有效的方案，人民群众才能有一个可切实执行的行动准则。每个人都要用自己的行动来积极配合处置自然风险的整体行动，不能为了维护个人的一点私利而忘了集体的整体安排，应当以最快的速度投入到处置自然风险的行动当中，而不能隔岸观火，更不能取笑他人。当你取笑他人处在自然风险的苦难中时，有可能明天你自己就会受到自然风险的惩罚，甚至被自然风险所吞噬。

自然风险模拟。有人问道，当自然风险发生时，家家户户早已惊慌不安，忙于救灾，当风险过后，又该怎么去模拟自然风险？事实上，人类对于自然风险的模拟少得可怜。当风险来临时，可怕的不是自然风险的本身，而是应对自然风险的决策、组织、指挥和救援不力。通过考察，人类处置自然风险的最大问题是处置无序。胡乱的处置扰乱了整体的处置救援秩序。自然风险模拟是假定各种自然风险情况，试验用什么样的方式方法处置自然风险，以获得良好效果。比如，如何保护人财物等各种有利因素，如何在执行过程当中避免不利因素的发生，降低损失。比如对地震应急予以模拟：假定某个地方发生地震，对此地从无到有，从一级到七级，甚至八级，做一次地震模拟。以市区为例，设想：将什么时候发生？是白天还是晚上？破坏力是多大？面临的环境是什么？没有急救车怎么办？高楼里的人怎么下来？楼梯阻塞或断了怎么办？这些问题，都要一一考察和分析。再如一栋高 100 多米的高楼，住着两三千人，你如何在三至五分钟之内组织大家安全有序撤离，确保大家到空旷的地方避难，这就是一个很大的现实问题。只有通过模拟自然风险，才能找出应对措施，使得损失最小化。

人与自然的和谐。人与自然要和谐发展。没有人与自然的和谐，就谈不上人与人的和谐，也谈不上人与国家的和谐，更谈不上国家的稳定发展和国富民强。人与自然之间怎样做到和谐？一方面是人类发展活动必须尊重自然、顺应自然、保护自然，构建一种人与自然之间和谐共处的共生共荣关系；另一方面是要创新生态文明建设新发展理念，推动和营造绿色、循环、低碳发展，形成节约资源、保护环境的生产生活方式。具体来说，需要你从心里热爱自然，感谢自然对你的爱，爱护身边的一草一木，以实际行动回报大自然对你的爱。如果确实需要利用它来改造生活，那么你也应当更多地去修复对自然的破坏，保护自然的整体平衡。人类对自然的付出需要大于对自然的攫取，最少也要保持在对等的幅度范围内。简单来讲，就是人类从大自然那里得到多少自然要素，就应该还给大自然等量价值的自然要素。比如对树木的需求，如果你砍伐一棵树，就应当种一棵树，甚至种两棵树。只有人与自然之间实现和谐，人类的生活才会阳光灿烂；只有人类与自然之间实现和谐，天空才会是蔚蓝的，空气才会是清新的。

大自然为了保持自身的平衡，时时会发泄心中的怒火，这怒火就是各种各样的自然风险。然而，请你不要惧怕大自然的怒火。只要你像爱护你的眼睛一样爱护大自然，大自然就会少一分愤怒，多一分温情和笑脸，人与自然的和谐美好就将实现。

第二节　经济风险

经济与每个人的生活息息相关。一日三餐，衣食住行，均是个人经济的“晴雨表”。个人的生活质量如何在一定程度上取决于个人的经济状况。如果是更加直观地来看个人的经济状况，那么就是个人拥有物质或者货币的总量。经济基础决定上层建筑。主体的经济基础影响、制约甚至决定主体的政治基础；从个人来说，需要有一定的经济基础，作为组织或者政党，特别是国家和民族，经济更是至关重要的，是国家和民族赖以生存和发展的命脉。

习近平总书记倡导的中国梦，非常重要的一点是国富民强。国富民强的具体体现是创造和积累巨大的物质总量。只有拥有丰富的物质，才能够实现安居乐业；只有实现安居乐业，才能够实现国富民强。

创造和积累物质的过程是否是平稳和有序的？这是观察和分析经济活动必须高度重视的一个重要问题。从理论上讲，经济活动伴随和引发风险是必然的，其根源是资源的有限性和需求的无限性。从政治经济学的角度看，利润是剩余价值的总量，剩余价值又是生产关系和生产力结合和相互作用的结果，而生产关系和生产力是复杂多变的，也是不可控制的。由此说明，实现剩余价值的过程是复杂多变的，也是不可控制的。简言之，经济风险贯彻经济活动的全过程。

经济与风险之间是相互依存的。当经济活动面临的风险较少时，它会呈现出良性的运行状态，就会创造和积累巨大的社会财富；当经济活动面临的风险较多时，它将陷入不良或恶性的运行状态，不但不会积累财富，反而会消耗更多的社会成本。其原因主要是以下几点：

经济理论的完善程度。个人的经济理论水平越高，那么其对经济活动的观察就越深刻，对经济活动的产生和发展过程以及经济活动带来的剩余价值就有一个更客观理性的认识和评价，由此形成一种更好更科学更实用的经济模式和思维方式。正因为对经济活动有一个全面的客观的认识和评价，其受到的风险才会较低。相反，当对经济发展没有一个科学的认识时，个人对经济发展的规律和后果就没有一个客观公正的评价，由此个人面临的经济风险就比较大。有些人由于缺乏经济知识，从而对经济发展没有一个正确的认识，他们只知道经营好一亩三分地，他们的经济思想仅仅停留在狭义的小农经济方面而已。当然，随着改革开放的深度推进，许多有志青年走出家乡，离开耕种的土地，走向经济活跃的深圳、东莞、广州、福州、上海、杭州等开放城市，提高了对市场经济的认识，在经济知识和技术的引领下，创造和积累了大量的物质财富。从国家层面而言，经济的发展水平更加决定了经济风险的状态。一个国家的经济理论只有符合民族利益和全球经济发展的趋势，也就是说只有有一套符合自身发展的经济理论，这个国家的经济才能够突飞猛进。比如中共十一届三中全会对经济体制的调整，改变原来单纯的计划经济，事实上这是对经济理论的革新和运用。计划经济源于苏联政府主导的内向经济，市场经济是发达国家政府引导的外向经济。我国从计划经济转型到市场经济，大大提升了工业、外贸和第三产业经济的发展，并推动了农业经济的快速发展，取得了举世瞩目的成就。然而，据观察，对于民族经济理论的独立性和系统性，国家还可以与时俱进，不断将其更新和完善。也就是说，中国的经济理论还可以更加符合中国的文化，符合民族的经济需求，符合人口与地域的统筹规划，以及各方面的总体要求；当然，在积极设计和创建自主的经济理论的同时，也需要借鉴国外先进的经济理论，包括过去或现在实施的经济理论，诸如凯恩斯的经济理论。值得注意的是，中国在借鉴他人经济理论的时候，既不是“拿来主义”，也不是照葫芦画瓢，而是在借鉴中形成符合自身经济发展需求的自主的独特的经济理论，俗称本土经济或中华经济理论。

经济的独立性。经济的独立性表现在经济自身发展的独立程度和主体控制与支配经济的独立程度两个方面。一方面，它源于经济自身的发展规律，比如生产力运动规律、生产关系运动规律、生产力与生产关系相互作用规律，具体表现为市场规律和剩余价值规律。经济的自身发展是物质在生产、储蓄、交换、分配过程中独立的表现，这种物质活动是以创造商品和积累剩余价值为原动力的，而商品和剩余价值都是独立的物质形态。从这方面来说，经济越独立，则经济发展的风险就越小；反之，则经济发展的风险越大。另一方面，是因为主体的一切活动都是以经济为基础的，主体经济发展的状况取决于其发展、占有、使用、处置经济的独立程度。从这方面来说，主体主导经济的独立程度越高，则经济发展的风险就越小；反之，则经济发展的风险越大。比如，鸦片战争后清朝主导经济的独立程度下降，其经济风险则变大。

经济的制约性。经济的发展不是独立进行的，而是受到各种影响。经济的制约性就是经济的发展受到各方面的影响，包含内在的和外在的双重影响。内在的影响主要是受到经济自身发展规律的约束。外在的影响主要是受到外界因素的制约和限制，诸如政治因素、技术因素和国际环境等方面。经济受到的影响越多，风险就越大；经济受到的影响越少，风险就越小。改革开放四十多年来，中国从物质匮乏的经济落后的穷国，成为世界第二大经济体，其中重要的原因是改革开放解放了人们的思想，解除了计划经济体制对经济的禁锢。制约经济发展的桎梏的解除，是国家经济觉醒和突飞猛进的根源所在。

经济的不确定性。经济的不确定性是在经济发展的过程中，经济因受到制约产生的不确定性。人的认识受到自身知识、素质和能力的限制，也就存在着不确定的因素。经济的不确定因素越多，风险越大；经济的不确定因素越少，风险越小。

经济风险的因素主要表现在以下几点：

生产力。生产力是人们改造自然以获取物质生活资料的能力[①]，是人改变和改进自然的客观物质力量，其基本要素是劳动者、劳动资料和劳动对象。劳动者对劳动的认识，是提高生产力、发展经济的首要条件。你是热爱劳动还是嫌弃劳动？如果热爱劳动，你就可以提高生产力；如果嫌弃劳动，那么你就会养成好吃懒做的不良习性，劳动力就会下降。从国家层面来说，生产力的发展水平决定着经济风险的大小。生产力水平越高，经济风险就越小；生产力水平越低，经济风险就越大。当然，生产力风险越高，其带

① 陆善功、王道君编，《马克思主义哲学基础知识》（修订本），北京：中央广播电视大学出版社1987年版，第222页。

动的经济风险就越大。然而，高水平生产力的发展比低水平生产力的发展，带来的风险要小得多，因为高水平生产力所带来的经济总量是巨大的，低水平生产力带来的经济利益是微小的。劳动资料又称劳动手段，劳动资料越精细先进，造成的经营风险越大，带来的经济风险则越小；劳动资料越粗糙落后，造成的经营风险越小，带来的经济风险则越大。

生产关系。生产关系是一种人们在生产过程中结成的、与一定的生产力的发展状况相适应的、必然的、不以任何人意志为转移的客观物质关系[①]，是所有制之间的关系以及分配方式。生产关系决定生产力，但生产关系不是消极被动的因素，它对生产力有反作用，当生产关系适应生产力的状况时，它对生产力的发展起推动作用；当生产关系不适应生产力的状况时，它对生产力的发展起阻碍作用。如果不变更旧的生产关系，生产力就不能继续发展，这时生产关系对生产力的反作用表现尤为突出。[②]所有制的结构和形式取决于政治体制的形态。有什么样的政治体制就会形成什么样的生产关系。社会主义生产关系，体现的是各阶层平等发展和享有经济、财富的权利。专制政府和集权国家的生产关系是复杂多变的，经济的发展和财富的分配往往掌握在少部分权力者手中。当广大国民不能分享国家财富或国家财富被少部分人吞噬

---

① 陆善功、王道君编，《马克思主义哲学基础知识》（修订本），北京：中央广播电视大学出版社 1987 年版，第 226 页。

② 陆善功、王道君编，《哲学自学举要》（修订本），北京：中央广播电视大学出版社 1989 年版，第 230 页。

时，那么主导国家的政权就有可能被广大国民抛弃或推翻。生产关系的混乱必然造成国家经济的混乱；国家经济的混乱又极易造成国家政权的混乱。

政府介入。经济风险对政府会产生很大的影响。市场经济中政府是一只看不见的手。国家通过政府对经济进行适度的调控。当然，适度调控也只是着眼于和关注于国内经济的稳定。如果政府过度介入国内经济的发展，那么极易造成垄断经济和地方保护主义，影响和制约公平竞争的市场经济环境。政府对国家金融政策和制度的适度介入也只是为立法机关或相关职能部门提供建设性的指导意见，而不能越俎代庖，甚至“操刀宰牛”。有的政府管理者不合规甚至强行介入金融流通等经济领域，在某种程度上是为了权力寻租和利益输送。这种行为带来的风险是巨大的，它影响和抹黑了政府的形象。

经济畸形。经济畸形是经济发展没有依照自然规律和经济自身的运行规律来进行，由此带来不良的经济状态。主要表现为：一是经济阶级。经济阶级是由经济控制和主导的阶级成分。从个人占有和控制经济总量来看，可以划分为资本家、地主、恒产者、贫民和无产者等；从社会经济总量的分配层级来看，可以分为无产阶级、小资产阶级、恒产阶级和资产阶级等。恒产者是国富民强的中坚力量，恒产阶级的比重和稳定性决定着国家经济发展和社会和谐的程度。[1]经济的不平等是经济畸形的直接表现。经济阶级影响政治阶级，政治阶级决定经济阶级。二是泡沫经济。泡沫经济是没有经济实力，外部又突显为经济的空前繁荣，主要有房地产和金融证券的虚假繁荣，是对金融证券的过度依赖以及对房地产的过度投入，由此形成没有经济基础支撑的泡沫化的经济状态。三是产品畸形。它是经济畸形带来的直接结果，主要有假冒伪劣产品、有毒有害食品和半拉子工程等。产品畸形的危害是巨大的，它不但抹杀了消费者的消费信心，让公民对政府管理社会经济能力的信任度大打折扣，而且让民族经济在世界经济中的地位和影响大大受损。此外，暴力经济和殖民经济也是经济畸形的一种形式。城镇化建设中暴力、胁迫拆迁是暴力经济的一种类型。鸦片战争后，清朝就陷身于半殖民地半封建社会的殖民经济。

经济危机。引发经济危机最重要的原因是生产力的受阻与经济发展的过度膨胀，以及生产关系的失衡与分配需求的破坏。当经济发展没有社会资本作为依托时，很容易产生经济危机。经济危机的产生不但对国家和民族带来巨大的风险，而且给每个人带来巨大的生活压力。比如 1929 年至 1933 年世界经济危机，就是经济的虚假繁荣导致社会购买力与经济发展能力的严重失衡，最终导致 1929 年 10 月 24 日美国华尔街爆发“黑色星期四”，股市顷刻间崩塌，经

① “恒产”出自《孟子·滕文公章句上》：“有恒产者有恒心。”恒产者是占有社会平均经济总量、拥有生产资料、进行劳动、发展社会生产力的劳动者。恒产阶级是处于占有社会平均经济总量层级的恒产者阶级。

济崩溃，引发了世界经济大萧条。泡沫经济与经济危机有着内在的联系，泡沫经济往往是经济危机的前奏和号角。

在辛勤劳动的过程中，如何拥有一双经济慧眼，看清经济风险的根源，又如何找到灵丹妙药，疗治经济病症呢？处置经济风险时，需要注意以下情况：

私有合法财产神圣不可侵犯。发展经济最重要的目标是创造社会财富。然而，保护既有的社会财富，比创造新生的社会财富更为重要，因为社会财富的聚集不是一蹴而就的，而是经过长期的持续的积累。保护社会财富特别是个人的合法财富，是国家对经济发展的基本保障。保护社会财富，关键是国家以法律的形式确认合法私有财产神圣不可侵犯。当主体在经济活动中创造和积累的社会财富不能得到保护，甚至被他人吞噬和占有时，它将直接打击主体对劳动的积极性。2004 年修订的《中华人民共和国宪法》第十三条规定：“公民的合法的私有财产不受侵犯。”由此看，要降低经济风险最基本的也是最重要的价值需求是：只要劳动者不是违反道德，不是违反法律，去创造社会财富，积累物质财富，政府和他人就应当依照法律给予劳动者最大限度的保护，而不能以各种理由和借口去肢解和侵占劳动者合法的财产。

劳动价值。劳动价值是劳动力产生的使用价值，是劳动本身的价值量和劳动带来的社会价值量的总和。劳动者通过消耗自身智力和能力获取的物质使用价值，即劳动本身的价值量。创造或生产出来的物质使用价值在社会商品交换过程中形成的附加使用价值，即劳动带来的社会价值量。一般来说，在生产力落后的环境下，劳动本身的价值量往往大于劳动带来的社会价值量；在生产力发达的环境下，劳动带来的社会价值量又往往大于劳动本身的价值量。中华民族是一个勤劳的民族，人们通过劳动，创造和积累了长城、京杭大运河和故宫等价值巨大的劳动成果。劳动价值在经济风险中即是说每个人都需要最大限度地利用自身的智力和体力活动，积极投身到经济建设当中，为社会经济发展服务，为个人积累财富，更是为国家和民族积累财富。只有每个人富足，国家才能够富强。改革开放四十多年来，国家经济突飞猛进，人民生活富裕，关键因素和动力是解放生产力，激发了广大国民的劳动活力，尊重和保障了广大国民的劳动价值，同时最大限度尊重和激励着富有新颖性、创造性、实用性的劳动价值，不但增加了劳动本身的价值量，而且增加了劳动带来的社会价值量。在国家和社会管理活动中，切实尊重和保障劳动价值的制度保障是，国家通过各种途径，创造劳动就业条件，加强劳动保护，改善劳动条件，实现劳动、资本、土地、知识、技术管理、数据等生产要素由市场评价贡献，按贡献决定报酬，在大力发展生产的基础上，提高劳动报酬和福利待遇。但是，也必须看到，部分国民往往是满足于一日三餐，就没有投入到创造更大价值的劳动中去。当个人不能够最大限度地去劳动，发挥自身的无限潜能时，积累的个人财富就少，为国家为民族积累的财富就更少。由此，需要大力提倡和宣传：劳动是一切有劳动能力的公民的光荣职责。

国家经济一体化。国家经济一体化是为了应对和避免经济在某区域或者某领域发生大面积的塌方式的衰退或崩溃，而将各种经济和各类经济有机组合，尽可能避免和减少经济风险的损失。当然，并不是说，国家经济一体化是要政府过多地干涉经济。经济活动是创造价值、积累财富的过程，不能浪费社会物质财富。没有结余的经济活动，其风险是不言而喻的，其结局最终有可能是破产。比方说，个别地方政府热衷重复建设，不停修建楼堂馆所，城镇街道去年挖了，今年又重新扩建，名义上是为了促进经济的发展，说是经济发展不可缺少的部分，实际上浪费的是国家的财富，消耗的是国家整体的经济量，无形中减少了国家仓库里的物质经济总量。国家经济一体化的基本要求是法治经济。只有是法治经济，才能实现经济的持续发展。同时，需要特别重视知识经济和信息经济，将这些统筹的理性的经济理论运用到农业、工业、第三产业等经济领域，让它们形成有机的经济一体化，实现最大经济价值。

战争经济。战争经济是在战争环境下创造并保持各种经济持续和高效发展的经济观念和制度。其特点，一是面临的经济环境是在战时状态或虚拟战时情景；二是主体对经济发展的动机和行为是创造一切有利条件，大力发展经济；三是保持经济运行的状态是持续性的和高效性的；四是其目标是短时期内或相对较长的时期内，创造和积累巨额国民生产总值，特别是军事工业和农业等与战争有密切联系的经济行业，须为战争服务。当前，虽然我们身处和平时期，要珍惜和平，但也要认识到忘战必危。中华民族是一个热爱和平的民族，但是如果被迫使用武力，我们也将以巨大的勇气来面对战争。战争的胜负，不仅取决于国民素质的高低，还取决于国民经济的大小和强弱，简言之，即取决于财富的多少。当战争来临时，国家经济状况怎样，经济能否持续和高效地发展，巨额的战争消耗能否得到及时补给？涉及战争经济的问题，都是国家和民族不得不考虑和引起重视的问题。在战争环境下急需解决的最重要的问题是，如何快速平稳地发展经济。当然，如何建立和形成一套科学合理的战争经济理论和制度政策，这是值得思考的。兵马未动，粮草先行。粮草就是经济。国家如何在兵马未动时聚集更多的粮草，以及短兵相接时源源不断地向战争前方输送更多的粮草，这就是战争经济需要解决和考察的重要课题。战争经济中最重要的是劳动者强烈的爱国主义精神，和为国家战时经济建设投入巨大的劳动力。思考战争经济，是缘于战争风险的现实性和紧迫性，笔者将在接下来的章节中探讨战争风险，提出经济是战争的基础，可以互为参考。

经济是国民生存的基础，更是国家强大的铺路石。没有强大的经济支撑，不管你有多么美好的梦想，那都不过是南柯一梦。赚钱是辛苦的，辛苦来源于经济活动的复杂和人性的自私与贪婪。但是，值得注意的是，天底下没有免费的午餐，守株待兔的风险往往是因为没有出现不劳而获的食物，导致自己饿死。虽然说经济是基础，但在温饱或小康的基础上，请不要抛弃目标和价值，请不要抛弃道德和文化，请不要抛弃制度和法律，不能不顾一切地追逐经济利益；否则，带血的铜板和黑心的财富，将会压得你窒息而亡。

第三节　政治风险

政治是经济的集中体现。政治主体包括个人、社会团体、政党和政府，其基础是经济，其目标是服务和发展经济的同时维护主体的价值需求。国家管理是政治的具体运用。不管是平民百姓还是达官贵人，不管是基层干部还是党政要员，每个人都会参与到政治活动中。政治作为一种艺术，需要你从审美的角度去看待和评析它。中华民族的繁荣富强需要一个风清气正的政治环境。只有政治清明，国家才能够安定团结，才能一心一意发展经济，实现国富民强的目标。

事实上，你拥有的权力越大，你身处的政治环境就会越复杂。历史和现实时时提醒和警示，不管你手握哪根权杖，都需要保持理性平和的心态，公平处理各种政治矛盾。

政治与风险之间的关系如下：

政治体制。政治体制是国家中央政权的体制，简称政体，它是国家基本的最重要的管理制度。政治体制的第一级分类为单主制政体和共和制政体。第二级分类中单主制政体分为有限单主制和完全单主制；共和制分为有限共和制和完全共和制。第三级分类中有限单主制政体分为分权君主制、贵族君主制、等级君主制、议会君主制（立宪君主制、二元君主制）等；完全单主制分为专制君主制、独裁单一制、元首单主制等；有限共和制分为贵族共和制、君主共和制（君主立宪制、二元共和制）、集权共和制等；完全共和制分为首长共和制、虚君共和制、民主共和制等。还可对政体进行第四级分类，比如民主共和制分为总统制、大会制、议会制、委员制等。政治体制其实是国家权力分配的形态，即如何将权力进行合理的分配。政治应是为国家服务的。当政治体制残缺不全的时候，国家的形态也就是残缺的，甚至是混乱的。有什么样的政治体制就有什么样的国家管理模式，也就影响政治参与者和被参与者的政治思维和政治行动。中国历代封建王朝均是君主专制，朕即是国家，朕即是法律，皇权高于一切。任何有违和背离君权的言行，必将受到君主专制的严惩和打击。在这种高压的政治环境下，皇帝以外的芸芸众生只有将自己的人格、生命健康权等依附或托付给皇权，人民毫无民主权利。君主立宪制是立宪基础上的皇帝君权，表现为君权是国家政治的象征，以宪法形式规定立法、行政、司法相互配合，相互制约，合理调控各项权力和利益。共和制更大范围地实现社会民主和国家民主，将各阶层和不同见解的利益代表，经过民主选举，形成文明、民主的政权组织形式。它能够形成一种活泼开朗、开放民主，让国民能够畅所欲言，能够更好地为国家为民族服务的政治生态环境。同一环境下，共和制的政治风险比君主制的政治风险要小。

政治利益。政治利益是政治是为谁谋取利益和政治权力的分配形式，表现为是国家还是个人，是大部分还是小部分人的利益。当政治利益只涉及和维护小部分人时，那么其风险是巨大的。如果政治利益涉及的是国家和民族的整体利益，涉及的是广大群众的民生利益，那么其风险较小。只有维护大多数人的政治利益，才能够为国民所接受，才能够让政治清明。

政治手段。政治手段是政治参与者，以什么样的工具和手段来实现政治目标。其表现为统治阶级在管理国家过程中，为了求得国家稳定，倾向的是一种民主的还是一种残酷的政策和环境，是一种和谐的还是一种高压和恐怖的政策和环境。政治手段越残暴和高压，其风险越大；相反，政治手段越柔和清明，其风险越小。只有采取民主和谐的政治手段，而非残暴、恐怖等政治手段管理国家，才会让参与管理国家的人员和广大国民积极主动贡献出自身的热情和力量，为国家创造和积累更多的精神和物质财富。

政治目标。政治的主要目标是为谁服务，只有维护了大多数人的利益，其目标才是正确的。从个人来说，如果是为了实现个人的私欲，必将走向权力的腐败。比如贪污受贿、玩忽职守，甚至是出卖国家利益。汪精卫的政治目标是实现个人的私欲，他抛弃了中华民族的共同利益，是可耻的。

政治基础。如果政治没有基础，就好比长城没有坚实的根基，那么它是不可能屹立几千年而不倒的。政治只有代表广大国民的共同目标利益，它才能够为国民所接受，才能够受到国民的拥护。如果是为了小团体的私利，那么它必将受到全国人民的反对和抛弃。比如“四人帮”的政治目标是维护其小团体的利益，最终受到人民的审判。毛泽东主席说“为人民服务”，其政治目标是维护民族的国家的大众的共同利益。只有得到人民的拥护，才能够获得坚强的政治基础；拥有坚强的政治基础，政治才能够正常进行，才能够被国家被民族肯定和赞誉。中国共产党从建党时的 50 多名党员，发展到 1949 年 400 多万党员，并且不断地得到广大人民群众的支持，它的政治基础从最初建党时被少部分人理解与支持，到经过土地革命，历经两万五千里长征、抗日战争、解放战争等，获得了广大人民群众的支持和拥护。如此广泛的代表大众利益的政治基础必将战胜代表反动阶级利益的国民党，最终共产党于 1949 年建立了中华人民共和国。蒋介石为什么会失败？他失败的根源并不在于军事，他拥有强大的军事力量，背后有美国支持，他失败的根源是丢失了政治基础，也就是说失去了广大人民群众的支持和拥护。

引起政治风险的因素有哪些，是哪些事项和行为让政治出现了残酷的流血的场面，有时还将国家陷入混乱，将广大国民带入到水深火热的社会环境中呢？

暴政。暴政是权力者主导或操纵政治，利用国家权力，实施非人性的残暴的管理社会的行为状态。其本质违反社会基本的价值观，违反人最基本的心理价值需求，剥夺广大公民的基本权利。比如言论、集会、游行、示威等政治权利。或许，暴政会导致社会短暂的沉默。但是，公民不在沉默中死亡，必将在沉默中爆发。当广大国民受到暴政的侵蚀和奴役后，必将形成一股强大的社会洪流，推翻残暴的腐朽的政权。

内讧。当政治团体的内部利益之争成为双方矛盾的交叉点和焦点时，各方以自身利益为主，完全忽视对方的价值需求，违背国家利益和民族利益，由此利用各种残忍的手段打击、残害政治对手，从中维护和巩固自身的政治身份和政治地位，此即是内讧。内讧不但侵害和侵蚀政治团体的团结凝聚力，更加会削弱政治参与各方的组织力量，并且影响集体甚至国家和民族的整体战斗力。比如 1856 年，太平天国天王洪秀全与东王杨秀清争夺最高权力。洪秀全利用北王韦昌辉之手，大肆杀戮杨秀清及其部属，引发震惊中外的天京事变。太平天国残酷的内讧，既给失败者杨秀清一方带来灭顶之灾的风险，又给暴力工具韦昌辉一方带来作茧自缚的死亡风险，还给始作俑者洪秀全一方带来人心涣散、革命力量严重不足的主体风险，同时，也给太平天国带来了权力腐败、组织松散、民心逆向等巨大风险。

失控。失控是权力者在管理国家过程中，因政治决策失误或手段不力，不能及时合理梳理和控制各种社会和国家矛盾及危机，由此造成混乱、失控或真空的政治状态。其表现为权力者出于某种政治利益需求，形成各自为政的小团体组织。国家失去了精诚团结、高效务实的政治灵魂，最终政权被推翻。究其原因主要是：主体在支配和处置政治权力的过程中，没有从宏观和全局的角度来认识、分析和考虑国家权力，或是权力者失去了高尚的道德情操和正确的坚定的政治素养，缺少管理社会的能力，导致国家权力犹如一盘散沙，政权上上下下乱成一锅糊粥。当李自成带领大队人马围攻北京都城时，大明王朝政治失控无能，崇祯皇帝此时成了真正的孤家寡人，号令没人接听，大臣各自落荒而逃，连紫禁城也是凄风冷雨，空空荡荡。政治失控给崇祯皇帝和大明王朝带来的风险是灭亡。

政治欺骗。政治欺骗是在政治活动中，主体为实现某种不可告人的政治目标，表面上示以对方公开的坦诚的互惠互利的心态和价值需求，暗地里施以虚假式、欺骗式、伪装式等秘密的自私的价值需求。其本质是为了减损对方的政治利益，由此增加己方的政治利益。实际上，政治欺骗是无处不在的。当个人利用政治欺骗时，其风险往往是不利利益大于有利利益。比如有的人为了谋取一官半职，往往隐瞒自己的真实意图，当他拥有更大权力时，权力膨胀的欲望会带来人心不足蛇吞象的政治风险。当国家利用政治欺骗时，会给本民族和国家带来巨大的利益，或是带来万劫不复的灾难。比如二次世界大战之前，1939 年 8 月德国与苏联签订了互不侵犯条约，德国源源不断地向苏联供应军需品，而苏联向德国源源不断地供应战略物资粮食。在真真假假、眼花缭乱的政治欺骗和伪装下，德国将己方侵略意图进行伪装，但是到了最后，德国摘下欺骗和伪装的面具，又大举进攻苏联。这就是政治欺骗带来的风险。

政治形态。政治形态是指政治体现在哪些方面，政治矛盾凸显出来时，是以什么样的形式表现出来。个人只有认清政治形态，才能认真对待它，才能发现它的政治风险是什么。政治形态主要表现为军事政变，恐怖事件，征收、征用和国有化等形式。每种政治形态都会产生巨大的风险。比如，“文化大革命”属于政治形态的一种，它给中国带来了巨大的政治风险和社会风险。军事政变是一种很简单的政治形态，它能够打破并改变原来的政治结构，从法治国家来看，国家限制军人参与政治是很有必要的。然而，在政治矛盾的漩涡中，权力觊觎者往往就是将政治力量结合军事力量，利用军事力量来推翻对手的政治力量，组成新的政治力量，形成新的政治格局。

以上是政治风险的主要因素。如何看待政治风险，如何将政治风险降低到最少，分析如下。

政治朴素观。政治朴素观是国民特别是权力者对政治持有的正确、科学和客观的认识。可以这么说，政治应是全国公民将各自部分的权利赋予权力机关和权力者，权力机关和权力者在管理国家、处置政治事件过程中应当以广大国民的利益需求为出发点，以国家利益需求为宗旨，谨慎理性行使各项权力。“为人民服务”是政治朴素观的直接体现。可是，“为人民服务”说来容易，做来难。

有些人往往将政治朴素观忘得一干二净，只是一味地为自己谋取私利。此外，政治朴素观也体现在政治的平等、自由和秩序等方面。也就是说，主体参与政治是为了国家的安定和社会的有序，而不能够让全国国民生活在水深火热之中，不能够让全国国民流离失所，不能够让国家处于一种混乱无序的社会状态。作为权力者，应当以一种善良、平和、理性的方式参与或主导政治活动，而不能将政治设定在狭小的团体范围内，因为这样容易引起各种社会和政治风险。

忧患意识。个人在参与和主导政治活动中要始终保持忧患意识，表现为时刻关注国民生活是否美满、国家是否安定团结、民族是否强大。范仲淹说：先天下之忧而忧，后天下之乐而乐。他提醒和告诫各级官吏需要有忧患意识和大局观，应当以百姓之乐而乐，以国家之忧而忧，而不能将政治作为个人谋取利益的手段，更不能运用政治手段去打击对手，运用政治手段去杀戮和奴役同胞。

国家和民族利益至上。个人不要以为国家和民族利益是国家领导人考虑的问题。事实上，任何一名公务人员，不管是一名基层公务人员还是国家机关领导干部，都应当以民族利益和国家利益为重。特别是在外交活动中，更需要以国家和民族利益为中心。残酷的现实一再揭示的是，许多政治团体有意或者无意地会受到外国势力的干涉或利用。外国势力为了实现其自身的政治需求，通过政治欺骗等手段，以巨额利诱、收买来获取更大的政治利益。

此时，需要你擦亮眼睛，切勿受到外国势力的利用、支配、收买和控制，时刻从国家和民族利益的角度考虑问题，绝不出卖国家利益，从而最大限度地维护国家和民族利益。

理性包容。个人需要以一颗冷静的头脑，一份善良的心、一份博爱的心、一份为人民服务的心，来参与各种政治活动。理性包容要求个人在处置社会矛盾和政党矛盾纠纷中，要以理性包容的心态来处理各方矛盾，而不能为了维护自身小团体的利益，一味地向对方实施各种残暴、欺骗等非道德非法的行为，甚至采取集团杀戮的行为，斩草除根，以绝后患。古人说，君子报仇十年不晚。这种说法是很狭隘的复仇观念。当矛盾来临时，个人不能以一种以暴制暴的恶性心态来处理政治斗争，而应当以理性、包容、平和的心态来处理各种政治矛盾，由此减少政治对立，更好地维护政权稳定，更大程度地去维护和谐有序的政治环境。中国封建社会各种政治团体的倾轧和杀戮举不胜举。明朝东林党与宦官之间就因为不同政见，发生过巨大的政治斗争，双方都没有用一种理性、包容的心态来处理政治团体之间的矛盾。当没用理性、包容的心态来对待和处理政治矛盾时，双方必将陷入残酷复杂的斗争旋涡，甚至是你死我活的流血事件。即使在今天现实的政治情景中，如果没有理性和包容，那么也有可能并且是非常可能重演历史的悲剧。个人在政治活动中，最需要谨记和警醒的是，要抛弃不健康的政治仇恨和政治杀戮，应当用理性和包容的政治情怀来经营和呵护政治。比如 1974 年美国发生“水门事件”后，尼克松总统主动辞职，共和党对性质恶劣的“水门事件”和始作俑者尼克松本着理性和包容的心态，给予赦免。此即是政治上的理性和包容。事实上，对该事件的宽大处理就是在巨大复杂的政治矛盾发生时，能最大限度地从人性和国家利益出发。这既起到了警示教育作用，又实现了和谐共处的良好政治环境。如果此时共和党和民主党以内讧、欺骗和打击等各种暴力手段处置纠纷，那么虽然一时会把对手陷入深渊，甚至毁灭的境地，但是同时也会将国家带入水深火热的政治旋涡和社会苦难中。

依法处置政治形态。当军事政变、恐怖、暴力征收或征用等政治形态发生时，任何公民、组织、政治团体特别是政府都应当以国家法律为准绳，严格遵守宪法，不能以任何借口和理由抛弃宪法和法律，从而依法对待和处置各种政治形态。各方政治力量应当友好携手坐下来，依法开诚布公地交流和沟通，以国家和民族利益为宗旨，依法处置政治矛盾，让国家循着法治的道路不断前进。

国家需要政治，政治是为国家服务的。政治并不可怕，可怕的是有的人戴着乌纱帽，夹着私欲，玩弄政治。玩弄政治的人往往弄得自身心神疲惫，面容憔悴，甚至头破血流。

第四节　文化风险

文化是人的精神粮食。一个人的智慧来源于他的文化根基，一个人的能力来源于他的文化涵养。五千年的中华文明其实是中华文化的灿烂结晶。大唐盛世的经济文化深深烙印在东亚、南亚、西亚和欧洲大陆各民族的文化中。今天，孔子学院安家落户在亚洲、欧洲、美洲、非洲和大洋洲，传播着博大精深的中华文化。

文化的力量在于将愚蠢的无知的人改造和塑化成聪明的有知的智者，在于将麻木不仁的人改造和培育成有思想有灵魂的智者。

一个愚蠢无知的人不可能踏进高尚文明的社会暖流中，因为他的精神世界一直处在混沌黑暗的情景里。人来源于动物又脱离于动物，正是因为文化的强大支撑。因为文化的内涵，人类才能拥有精神食粮；也正因为有足够的精神食粮，人类才能在自然丛林中战胜其他动物，成为直立行走的有思想的高级动物。如果一个人没有文化，那么他生活品质的提高就会更加困难。如果一个人想为国家和民族贡献更大的力量，那么他就必须要有文化。他只有有文化，才能够达到智者不惑，才能够不被眼前模糊复杂的事项所迷惑。不同的文化基因影响着各民族内在的文化素质，不同的文化素质又影响着不同主体的思想，不同的主体思想又影响着不同主体的行动。

文化与风险之间的关系主要表现为：

文化的价值目标。一种文化首先代表的是一种价值目标，不存在没有价值目标的文化。但是，因为不同文化探索的价值目标不同，由此影响了个人不同的精神气质和价值需求。有的文化追求的价值目标，是为民族的共同利益服务和为国家的整体利益服务的，其层次是高级的；有的文化是为少部分人的利益需求服务的，那么其层次是比较低的。文化的价值目标越高，其风险程度越低。如果个人接受的价值文化是与社会为敌，是仇视社会的，那么它所带来的风险是最大的。

文化层次。一个人的文化层次是从无到有，从低级、中级到高级，从被动接受到主动吸取，它是一种循序渐进的过程，也是一种波浪式推进的过程，也有可能是一种螺旋式上升的过程。作为一个朝气蓬勃的年轻人来说，作为一个想干事业的人来说，需要接受文化的熏陶和滋养。一个缺乏精神文明的人往往是一个低层次的人。文化是民族精神的积累，是岁月和历史的记录。今天社会面临的矛盾，有可能是昨天社会矛盾的重演。唯有学习文化，了解社会矛盾的性质、特点、发展规律和应对措施等知识，个人才有处理社会复杂问题的能力。犹太人人人热爱知识，终身学习，平均每人每年阅读 64 本书，强大的文化内涵支撑了犹太民族的精神脊梁，促使他们在世界精神财富和科技领域作出巨大的贡献。据调查资料显示，中国国民平均每人每年阅读不到 3 本书，美国人平均每人每年阅读21本书，日本人平均每人每年阅读17本书。[①]不难看出，没有文化没有知识的人走上社会，虽然他可以通过自己的体力成本谋取个人的生存，能够养家糊口，但是由于他微小的社会贡献量，他不得不身陷低级的社会层次。一个国家的繁荣富强是全国公民人人繁荣富强的叠加，个人的繁荣富强取决于他给国家和社会的社会贡献量。因为个人没有读书，所以他没有文化；因为个人没文化，所以他缺少观察和处置社会矛盾的能力，此种能力的大小决定了个人社会贡献量的大小。从经济学角度看，个人付出多少智力成本，那么他就会得到多少文化产出。

文化内涵。文化本身体现了文明的程度。一种文化内涵的文明程度越高，风险越低；其内涵文明程度越低，那么其风险越大。四书五经展现的儒家经典是中华民族文化中最重要的也是最基础的，它蕴藏的文化内涵是民族的，是博大精深的。然而，今天又有多少同胞重读四书五经？一个民族的文化内涵要通过民族不断地实践和积累，一个民族生成一种文化，一种文化养育一个民族。当然，并非要求生活在二十一世纪里的思想活跃的国民复古，只是建议在他们的文化结构中和思想体系中多多继承、吸收中华民族文化的精髓。需要明白的是，没有民族文化内涵的快餐式文化和散沙式文化都是肤浅的，都是苍白无力的；只有有内涵的民族文化才能爆发出巨大的思想和

---

① 《阅读改变人生》编委会，《阅读改变人生》，北京：人民出版社2009年版，第239页。

行动力量。

愚昧和文化成反比。愚昧是对生活的无知，其根源就是没有文化。一个没有受过文化熏陶的人，一个没有知识的人，就像以上说的，不管他付出多大的努力，要改变他社会较低层次的身份也较为困难；一个没有文化的人，一个愚昧的人，正如鲁迅所说，当看见同胞被敌人杀戮时，他不过是一名冷漠的看客罢了。后天环境的改变，特别是知识的积累和不断的实践，使人与人之间逐渐扩大差距，体现在物质和社会地位上的差距。

畸形文化催生风险。畸形文化是违反社会公序良俗的片面的文化载体，也是不健康的思潮和知识结构。它是与大众文化相悖的，与国家的文化价值是背道而驰的。其主要表现为霸王文化和堕落文化。霸王文化是强制性支配和控制他人思想和行为的单一的知识体系，比如殖民文化。堕落文化是以满足个人私欲为目标的知识体系，比如玩世不恭、及时行乐的腐化文化。

影响文化风险的因素有哪些呢？

文化的地域性。文化的地域性是不同地域形成不同的地域文化。它的主要表现是由生活习俗、行为方式以及交流方式的不同而产生的不同信仰文化和宗教文化。各种地域文化都会影响和主导该地域内公民的思想和行为。地域文化让生活在一定地域内的人无形或有形受到熏陶，潜移默化地形成具有地域特色的文化思维方式。比方说湖湘文化，其基本精神和思维方式是淳朴重义、自强不息、经世致用和勇敢尚武等以儒学文化为正统的地域思想。

文化的民族性。文化的民族性是各民族在形成和发展过程中，相互交流而形成的一种共同的民族文化价值。事实上，民族文化给个人带来巨大的影响，民族文化在个人的一生中都是不可磨灭的。这就是为什么大部分人立誓终身为本民族服务的根源所在。有的民族虽然受到蹂躏和杀戮，但其民族文化深深烙印在民族子孙的心中，当困境和灾难过后，民族文化又会散发出巨大的思想光芒和精神力量。第二次世界大战期间，600 多万犹太人惨遭屠杀，但犹太民族文化根植在四处漂泊、流离失所的犹太人心中。战后，散居各地的犹太人，于 1948 年相聚在特拉维夫，重建以色列国，此即是民族文化释放出强大力量的具体事例。

文化的多样性。文化的多样性是文化内容和形式的多样化。文化内容主要包括经济、政治、科学、军事、哲学、经济、艺术等方面。从艺术角度看，有文学、绘画、书法、雕塑、音乐、舞蹈、戏剧、建筑等方面。文化形式是承载文化内容的载体和表现状态，包括文字、图像、图形、数字以及它们之间的组合情况。文化的多样性给个人带来了风险，当多样文化不能有机地统一时，很容易让个人的思想产生混乱。另一方面，个人的文化受到民族和地域的影响，会给个人带来很大的风险。假如你从小接受的是儒家文化思想，当你大学毕业后到美国生活或接受美国文化教育，那么无形中会受到三权分立等西方民主文化思想的影响，此种状态下，中华传统文化和西方文化的差异，极易造成思想文化的冲突和个人的苦恼。

文化的复杂性。文化的多样性带来文化的复杂性。文化的复杂性主要体现在文化本身涉及社会生活的复杂问题。任何一种文化的形成都是长时间的积累，也是各种思想各种矛盾的有机统一。个人只有认清文化的复杂性，才能够以理性对待，确保他的思想平静祥和。比如洪秀全创立拜上帝教，撰写《原道救世歌》《原道醒世训》《原道觉世训》等宗教教义，它们是以《圣经》和梁发的《传世良言》为主要蓝本。文化的复杂性引发不同文化价值的巨大冲突，表现为一方面是中国传统文化和西方文化的巨大差异，一方面是拜上帝教与基督教、佛教、道教之间宗教教义和精神信仰方面的巨大差异。文化的复杂性也是导致太平天国失败的原因之一。

文化的奴隶和暴君。文化的奴隶和暴君往往是畸形文化赤裸裸的外衣。文化奴隶是统治阶级以某种合理合法的形式将某种非大众的价值文化，灌输给特定对象，由此达到奴役特定对象的目的。中国封建社会对太监的管理，即是文化奴隶：清末太监李莲英受到的有德无知、忠诚如狗、唯上不畏下的奴隶文化就是很好的例子。文化暴君是野蛮文化，将自身的文化价值强加在他人身上。秦朝的焚书坑儒即是文化暴君的表现。

通过上述分析，可以看出文化是有风险的。对此，需要你对文化甄别观察，取其精华，去其糟粕，让其为你提供强大的精神动力。

文化的表现形式主要有：

主体文化。主体文化即宗旨文化，是以某种价值理念和基本利益为核心的文化体系。个人有主体文化，一个政党有符合政党利益的主体文化，一个民族有符合民族价值和利益的主体文化，一个国家有符合国家利益的主体文化。比如中国共产党就以马克思主义学说作为主体文化。中华民族的主体文化即是儒学，《大学》《中庸》《论语》《孟子》《周易》《尚书》《诗经》《礼记》和《春秋》又是儒家学说的经典代表之作，其主体思想体系是仁、义、礼、智、信。儒家文化是中华文明的总开关。如果个人能够时时学习、分析、理解和反思儒家文化，就能让主体文化在他心中生根、开花和结果。当个人或国家没有受到一种主体文化的熏陶和统领时，个人或国家的思想体系和管理行为就极易产生混乱。同时，如果个人或国家受到多种主体文化的影响、侵蚀和左右时，那么个人或国家的思想体系和管理行为同样地极易产生混乱，此种消极的状态比先前的单一主体文化带来的风险更大，破坏力更强。

民族文化。民族文化往往是传统文化，也是主体文化的根基。每个民族都有本民族的文化符号、文化内容和文化价值。它是民族在漫长的成长中形成的代表民族价值和利益的总体思想和文化体系。民族文化既是个人的生命源泉，更是民族的生命源泉。如果民族文化受到污染或破坏，那么将对民族的团结和国家的安定造成巨大的威胁。如果个人遗忘或抛弃了民族文化，他终将失去其内心的民族本性，他也就不知道他是哪里的人了。民族文化的落魄和遗失，造成民族内部文化的缺失，从而导致其他民族文化的侵入和控制，由此给本民族带来根本性的毁灭性的灾难。中华传统文化是儒学，不否认儒学中有不良思想，诸如君君、臣臣、父父、子子等有违人人平等的文化元素，但是四书五经等中华民族的经典传统文化，是不能也是不应该弱化的，更是不能抛弃的。假如你抛弃了民族文化，那么就犹如黑夜中没有了灯光，你将举步维艰，寸步难行。

文化风险要注意的方面有：

精华与糟粕的辨别。个人在学习文化和积累知识的过程中，需要吸取文化的精华，摒弃文化的糟粕。精华是智慧的结晶，给人积极向上的力量；糟粕是思想的垃圾，使人堕落。但是，世上既没有一种没有一点糟粕的精华文化，也没有一种没有一点精华的糟粕文化，因为文化是人长期思想的产物，而人的思想是善与恶、精华与糟粕交织在一起的主观意识。由此看，你在判断文化时需要保持客观公正的态度和原则，既不能对背面隐藏个别糟粕的文化完全予以否定，也不能对表面表现个别精华的文化完全予以肯定。

物质文化与精神文化的统一。当前，全球物欲横流，人人以物质需求为中心，此是重物质文化轻精神文化的残酷现实。作为理性正常的个人和民族来说，其文化不但要有物质文化，更重要的是要有精神文化。物质文化是满足个人需求的物质表现形式，具体而言就是吃住行，它给个人带来的是物质上的满足，让个人满足生理的需求。精神文化来源于物质文化，又高于物质文化，它重在满足个人的精神需求，精神满足往往让个人的生活充满阳光和雨露。没有精神满足的丰裕的物质生活，味同嚼蜡，是走走过程罢了。只有物质文化与精神文化有机统一，才能激发出巨大的社会能量。如果个人过于注重物质文化，那么他可能变成赚钱的机器；如果个人空喊追求精神文化，却不采取有效的行动，不去辛勤劳动，那也不过是痴人说梦而已。

同化和异化的统一。个人接受文化时，需要彼此的沟通和交流，将各种文化的精华聚集起来。同化是文化的融合，它往往是吸收和借鉴外族文化，既包括精华的文化养分，也包括糟粕的文化垃圾。异化是文化思想和价值的分离和独立，它是主体文化的分散，从而形成新的文化体系。有时文化异化表现为对外族文化同化的一个分支，比如孔子学院的建立和普及，即是中华传统文化同化外族文化的异化形态。中国从鸦片战争后就不断地进行文化的同化与异化。儒家学说受到外来西方《圣经》及自由、平等、博爱、民主和科学等价值思想的异化和同化。放眼世界，学习世界先进文化，增强与其他民族的沟通和交流，既是中华文化同化西方文化和文明的过程，也是西方文化异化中华文化和文明的过程，其主流是走向和谐共融的世界文化和灿烂辉煌的世界文明。

文化传播。当你有思想有文化时，请与他人一起分享你的思想和文化，这是你思想和文化的传播，也是你生命的无形延续，更是你对国家和民族应有的社会责任。比如，孔子以《诗》《书》

《礼》《乐》教，弟子盖三千焉，身通六艺者七十有二人。[①]孔子之伟大，就在于他孜孜不倦地传播伟大的儒家思想和文化。对国家来说，文化传播主要表现为，将自己优秀的民族价值和民族文化引导和传递给其他民族，达到文化融合共享的目标。孔子学院将博大精深、灿烂辉煌的中华文化传递到地球的各个角落，让世界各族人民了解、学习和运用中华文明，融入中华文明的价值体系，实现世界各族人民的共同繁荣和进步。只有了解才能彼此交流，只有交流才能共建。

一个人欲想强大，首先要强大他的价值文化；一个国家欲想强大，首先强大的也是它的价值文化。只有文化强大了，思想才能强大，才能有强大的思想动力和激情去创造更多的社会价值。

① 司马迁著，《史记·孔子世家第十七》，长沙：岳麓书社2001年版，第325页。

第四章

管理过程的风险类型及其处置

管理行为是管理的重要课题。管理行为的多样性和直接性，引发了管理行为的风险因素。决策、组织、指挥、行动和监督是管理过程中的五个重要步骤。管理行为可分解为决策、组织、指挥、行动和监督五个部分，监督行为贯穿决策、组织、指挥和行动活动的全过程。由此，管理行为风险包括决策风险、组织风险、指挥风险、行动风险和监督风险五个方面。决策在管理行为中起决定性作用。

第一节　决策风险

俗话说，男怕入错行，女怕嫁错郎。事实上它体现的就是一个决策问题。虽然男人入错行有一些外在的客观因素，但是，新时代年轻人从事什么职业，与他的决策有着很大关系。为什么有的人奋斗了一辈子，他也不能成就伟业？为什么有些人同样付出，他就能成就伟业？个人能否取得成就与他的决策有很大的关系。在考虑从事的职业时，主体在思想和决策上，就应当考虑该做什么，做何种层次的职业，哪些能做，哪些不能做。主体做什么事情不能随大流、毫无目的行动。主体的行动应当是独立和有目标的行动。也就是说，主体的决策是明确的。如果主体的决策模糊不清、优柔寡断，那么接下来主体的组织、指挥和行动都是盲目的无序的。由此所见，决策在管理行为中起着最重要的作用。主体只有把决策处理好了，有了明确清晰的认识，对管理行为有一个全方位的了解和评估，才能对接下来的组织、指挥和行动有明确的方向和规划。决策犹如水源，水源污染了，那么下游的水必将是污浊的。

决策与风险的关系。有什么样的决策必然有什么样的风险。虽然决策是主体思想上的规划，但是一旦付于行动，它必然面临风险。一是决策的质决定了风险的程度。决策的质是决策代表社会价值的层次和程度。决策能够达到什么效果，它有多少价值，决定了其风险的程度。主体决策的质的价值度越高，其社会价值则越大，那么其风险程度也就越大。二是决策的量决定风险的大小。决策的质和量如同同胞兄弟。决策的量是决策包含社会价值量的范围和大小。决策的社会价值量越小，那么决策的风险就越小。所以说，决策的量决定着风险的大小。主体决策时考虑面越大，涉及的社会价值量则越大，那么主体面临的社会风险也就越大。三是决策的随意性与风险成正比。决策的随意性是主体决策时随意设定，随意改变，它让主体面临的风险行为处于一种不稳定的可变的状态。因为决策的随意必然导致主体无法预测、分析和评判各种即将发生或出现的风险。四是决策的高度与风险成反比。主体在决策时，站得角度越高，格局越广，那么面临的风险则越小；反之，风险越大。井底青蛙则是因决策低下引发较大风险的真实写照。

影响决策风险的因素如下：

决策目标。决策目标是主体想达成什么样的愿望，什么样的结果。目标越大，给主体带来的风险必然越大。它提醒和告诫人们，主体设定的决策目标应当符合事物发展的自然规律，符合主体自身的智力和能力。否则，海市蜃楼式的决策目标极易伤害和打击主体自身的信心和意志。比如说，中国共产党决策组织的辽沈、淮海和平津三大战役，其目标是紧紧与中国共产党战胜国民党、解放全中国的总体目标相一致的。

决策的可行性。决策是否可行决定了决策目标能否实现。如果决策不可行，没有可操作性，那么决策所带来的风险是很大的。主体设定的目标一定要可行，如果目标没有操作可行的意义，那么主体制定的决策就是没有价值的。中国共产党决策三大战役，是缘于中国共产党解放全中国的政权能力和军事实力，也就具有解放全中国的可行性和现实意义。

决策的延续性。延续性是主体决策的过程应当是延续的，而不能是割裂的，也不能是跳跃式的。如果主体做决策时是跳跃式的，是割裂式的，那么一方面必然会造成主体思想的混乱，由此导致其他行为的混乱和无序；另一方面必然会造成主体对总体目标的错误认识。同时，也会造成决策本身处于一种不稳定的游离和漂浮状态。事实上，主体在做每一个小决策的时候，都应当符合总体决策，这系列小决策应当是延续性的，是彼此独立又是相互关联的，为总体决策服务。当然，就算是总体决策也应当是具有延续性的，能让主体的组织、指挥和行动行为稳定而有效。

决策有价值。决策是否有价值是决策风险的一个因素。如果决策没有价值，它给主体带来的是大量人力、物力和财力的白白耗费，最终仍然不能达到主体决策的目标。也就是说，主体在决策时，首先对决策本身要进行量化和分析，要让决策的质和量达到一个完整和合理的统一，要让决策的价值符合总体目标，符合社会价值的需求，符合大众的心理承受能力。同时，还要符合主体自身的能力和水平，要让决策以一种看得见的形式体现它的价值，为以后的组织、指挥和行动提供一个具体的指导方案和操作模式。

既然决策会带来不特定的难以预料的风险，那么主体如何避免决策危机，减少风险，以便达到总体目标，符合价值需求，符合社会发展的历史潮流呢？又如何让决策产生更多的有用的社会价值量，从而降低无用的价值量呢？

注重决策之前的调查研究。如果主体作出的决策是狭义的闭门造车，那么最终只能是纸上谈兵。毛泽东主席说，没有调查，就没有发言权[①]，恰当指出了决策之前调查研究的重要性。主体在筹划重大决策的时候，需要做好足够的调查研究，不但要考察主体本身的素质和能力，还要考察管理客体和管理对象的属性和特点，以及管理涉及的各个方面。如果主体还没有看到管理的具体的点和面，主体也需要进行一种合理的科学的预测和评价，用一种有形的形式和载体，对有利因素和不利因素，对即将发生或现实的有利结果和不利结果，进行全方位的考察和分析。决策的过程其实是对社会各方面进行事先分析的提炼和浓缩。诸如发布国家军事动员令，决策者需要事先对国家政治、经济、文化、军事等方面进行全方位的分析。决策之前的调查研究中，需要考虑的事项：一是决策时要用历史的发展观来考虑问题。以史为鉴，既要以历史的成果作为决策的素材和养分，又要用历史的失败和教训作为

① 《毛泽东选集（第一卷）》，北京：人民出版社 1991 年版，第 109 页。

决策的注意事项。同时，还要将他人的成功经验和失败教训放在决策中进行综合的考虑。二是注意决策的全面性。决策需要全面客观，将各种可能出现的因素融入其中。决策时事先预判面临的困境、挫折和其他不可预料的因素，需要你将挫折和困难，既包括自身的消极因素，也包括外界其他不利因素，一并进行考察、分析和规划，将规划和预案放在你的决策中。孙子说，知己知彼，百战不殆。知己是决策的一面，知彼也是决策的一面。不但知悉他人之事，还要知悉天下之事、历史之事。只有将自己的事、对方的事和历史的事全部放在决策中进行综合考量，你作出的决策才能万无一失。即使没有百分之百的全面，也要争取做到尽可能地完整。三是正确的风险评估会带来正确的风险决策。事先对未知的风险因素进行理性客观评估，能够给你带来正确的风险决策。事实上，你决策时非常有必要慎之又慎，思前想后，三思而后行。

决策符合总体目标。主体在作出决策时，需要紧紧以总体目标为主线，决策的任何事项，不管是大的还是小的，不管是宏观的还是微观的，不管是整体的还是局部的，主体都应当将决策置于总体目标的发展之中。细化来说，个人的决策应该紧紧以个人的总体发展为主线；组织的决策应当以组织的总体目标为主线；国家的决策应当以国富民强和人民过上幸福生活的总体目标为主线。当你决策时，切勿像猴子那样捡了芝麻，丢了西瓜。

决策符合时代的价值观。每个时代需要每代人的共同奋斗。主体应结合时代发展的需要，作出客观科学合理的决策。当决策落后于社会发展的需求，或者过于超越社会发展的需求，它不但会带来严重的后果，也会带来无谓的奢望。超前的决策会带来幻想，或者说是黄粱美梦。事实上，决策具有可操作性，应当能够复制，能够实施，能够产生社会价值量，能够给主体带来看得见、摸得着的有利结果。决策只有符合社会的价值观，符合社会发展的趋势，它才会在现实的社会环境中得以操作和实行。比如孙中山先生组建同盟会，他的决策是什么？他的决策是建立同盟会，其总体目标是驱除鞑虏，恢复中华。该决策与十九世纪末二十世纪初中国广大群众的共同愿望相符。国民的共同愿望就是时代价值的需求，能让广大群众所接受，是符合时代潮流的。同盟会得到广大群众的接纳、支持和拥护，因此最终能将清朝推翻也是必然结果。主体决策时，既要考虑自身的发展能力，又要考虑管理客体和管理对象的属性和特点，还要考虑社会环境、自然环境、国家和民族发展的整体现状，对决策进行全方位的统筹的客观合理的评价、分析和预测。事实上，制定决策的过程也是有风险的，没有计划就没有一个好的决策。

决策实用。决策要有价值，只有有价值的决策才有用。不实用的决策再好，也是电光石火，不能给主体带来实际意义上的收获。决策是否实用，表现为决策是否具有可操作性，是否能够实施，能否通过有效途径让决策的目标得以实现。如果决策是不能实现的，或者没有实现的可能，那么这样的决策没有价值，也是不实用的。不实用的决策不但会消耗你巨大的能量，还会浪费你宝贵的时光。

运筹帷幄是决策的上策。盲目拍板只会把人引入歧途，带来严重后果。

第二节　组织风险

从时间节点来说，决策风险分析的是作出决策前的注意事项，那么决策后的事项该如何考察，是否存在风险呢？事实上，决策之后的最大风险是如何让决策按既定的计划得以实施。组织管理是决策之后面临的第一要务。

组织有两种概念和范围。一种组织是团体，其概念和范围已在主体风险中简要分析，其本质即民事主体，它享有民事权利和履行民事义务。其形式表现为或人与人的组合，或人与组织的组合，或组织与组织的组合。另一种组织是组织行为，是管理过程的组织行为，本章所讲的组织风险，意指管理过程的组织行为风险。

组织风险是主体在管理中安排对人对物对事的协调、调整和实施，使整个管理过程具有一定的系统性和整体性，由此产生和面临的风险因素和表象。作出决策后，最重要的是如何贯彻实施决策，贯彻实施过程中面临的最重要的问题是如何组织各方人力、物力和财力，使管理活动正常进行。决策可以是少部分人的行为，但是组织行为涉及人事物三方面。因为人的组合，会产生复杂的管理关系；因为人的个性需求，因为各自组织的利益需求，因为不同政党的利益需求都不尽相同，要让各种不同的利益凝聚在一起，是一项艰巨的复杂的系统工程，犹如将不同大小的干燥的沙子糅合起来，其困难是可想而知的。解决困难，犹如用水泥将沙子凝固起来，让它们形成一个坚不可摧的整体。由此看，组织行为就是将不同的人事物、不同的价值观和不同的利益有效地凝聚起来，形成一个强大的组织力量，以便高效有序地执行决策。组织的目的在于让组织内平凡的人做出不平凡的事，让平凡的人贡献出他最大的潜能力量。现实生活中，组织行为无时不在，就连个人也有组织行为，表现为个人的生理、思想、言语、行动等方面的素质和能力合理规划和整合，让自身形成一个健康的有序的高效的战斗整体。如果主体疏忽和麻痹了组织行为，小到个人，大到政党，再大到国家，就有可能陷入病态的无序的恶劣状态。组织行为是一门很有必要研究分析的课题，因为它最大的效果是将小部分的力量聚集，形成一股强大的力量。组织行为就像是一种化学反应，让不同的物质、不同化学成分，通过同化和裂变，形成一种新的更强有力的力量。

组织和风险之间有什么关系？组织行为会面临什么样的风险？

组织完整程度决定风险的大小。组织完整是组织过程的完整和统一。毛泽东主席说，要“学会‘弹钢琴’”。比如说党委工作“弹钢琴”，便是一种组织行为，将各方面的工作组织起来，形成一股强大的集体力量。十个手指头弹钢琴，其过程就是十指组织协调的具体过程。完整性表现为将涉及的人事物，以及可以利用的力量，都加以考察、分析和利用起来。如果你在管理中疏忽或轻视了某方面，或者缺少或遗忘了某方面，那么组织行为就会产生缺陷。有缺陷就有风险。所以说，组织行为需要完整性。比如一跨国企业，该企业只有组织国际和国内各方面力量，只有组织决策、人力资源、市场、产品、审计和监督等内部各方力量，同时将涉及管理的事项结合起来操作，才能形成完整的组织行为，才能更好应对即将到来或已经发生的风险事项。

组织效率决定风险的程度。组织不但要完整，而且还要高效。组织高效体现为组织行为的紧凑和及时。组织行为没有效率，处于拖拖拉拉的状态，效率低下，那么其风险是巨大的。太平天国攻占天京后，特别是因内讧引发天京事变后，洪秀全领导太平天国的组织行为效率低下，各方没有形成一个高效有序的整体行为，这是其最终被清朝扼杀的原因之一。

组织平稳状态决定风险的强弱。组织平稳性体现为组织行为的正常运转。组织行为需要效率，同时还要确保组织行为的正常运转。正常运转是组织行为形成良好有序的运行状态，也就是说组织行为要具有可操作性和实践性，而不是处于混乱无序的状态。三天打鱼，两天晒网，是组织行为无序的现实写照。只要组织行为能够正常良性运转，它就能将各方力量有机地结合起来，最终按照决策的目标去实施。值得注意的是，当组织行为处于瘫痪、无序、进退两难的状态时，或者是因受到外界因素影响而受挫，不能够正常运转时，必将给主体带来很大的风险。比如崇祯皇帝在掌控大明王朝的最后几年，内忧外患，明朝政权的组织行为已经深陷混乱无序且脆弱不堪的状态，毫无平稳性可言，具体体现为17年间频繁更换内阁成员50位，六部各自为政，内臣与外臣相互倾轧，皇权对军队疑心重重，君权与民权离心离德。大明王朝的组织行为既不能组织内部的有生力量，也不能组织外部的可用力量，最让世人痛心和哀叹的是崇祯皇帝不能组织自身的才智，最终自缢，大明崩塌。由此所见，组织行为的完整、高效和平稳，能有效降低风险。一方面是完整、高效和平稳运转的组织行为减少了风险的发生；另一方面是残缺、低效和无序的组织行为必然会带来风险。

影响组织风险的因素有哪些？有哪些组织行为会引发风险？

组织的随意性。组织的随意性即组织行为的多样化和可变性。表现为，或是没有按照既定的目标前行，或是随时更改组织行为，或是对组织行为没有查漏补缺、修正完善，等等。总之，组织的随意性是主体缺乏整体全面的考虑和分析，随时因个人的喜好和意志的改变而随意更替和变动方向。正如“脚踩西瓜皮，滑到哪里是哪里”。

组织的片面性。组织的片面性表现为不能将各种因素综合考察，侧重于某方，忽视了他方。事实上，主体不应该忽视已经发生或者可能发生的各种因素，如果主体忽视了某方，那必然对他方造成不稳定性。从个人来说，组织的片面性体现为个人主义和官僚主义。个人主义是时时以个人利益为中心，而不服务于国家和民族的整体利益，不服务于国家和民族组织行为的整体目标。假如个人的组织行为是个人主义，他的相对方也是个人主义，那么个人主义的残酷斗争必然给个人带来风险，给国家和民族带来风险。官僚主义是将个人意志强加于他人，表现在组织行为过程中，为了维护个人的权力、地位和名誉，不惜忽视自然发展规律，不惜牺牲他人的权利，将个人的意志强行转化为集体的意志，这必然引发组织风险。1991 年 12 月 21 日阿拉木图宣言就彻底宣告了苏联的解体。苏联为什么会解体？这与苏联共产党政权的片面性有关。苏联共产党在组织国家管理过程中，特别是经济建设发展中，出现了疯狂的个人主义和严重的官僚主义，特权阶层紧紧维护个人的权力和地位，时时炫耀权威和名誉，过度吞噬和消耗国家和民族的财富，大规模私有化，最终带来政权倾覆、苏联解体的巨大风险[①]。

组织的松散性。组织的松散性是组织行为没有形成合力，体现为组织过程的分散和组织手段的弱化和疲软。正如一根绳子是由千万条纤维组成，如果千万条纤维是分裂的，那么绳子很容易被割断。但是千万条纤维牢牢结合成一根绳子，那么它就会形成一股巨大的凝聚力。组织行为的松散分为三方面，一是个人管理自身的松散；二是人与事组合的松散；三是事与事组合的松散。假

① 中国社会科学院世界社会主义研究中心，《苏联亡党亡国 20 年祭——俄罗斯人在诉说》，北京：中国方正出版社 2013 年版，第 90–110 页。

如你对自身的组织行为是松散的，表现为或生活过度随性，或整日吃喝玩乐，或恶习重重等消极行为，那么疾病、堕落甚至犯罪的风险就尾随在你身后了。组织的松散削弱了组织整体的核心力，由此会给主体带来巨大的风险。

既然组织行为面临这样或者那样的风险，组织行为的不足带来不利的后果，那么应当如何看待组织风险？用什么方法来处置组织风险？

符合总体目标。组织行为最重要的目标是为决策服务，即组织行为按照决策的总体目标来实施，按照决策的既定目标去组织各方的力量来达到主体的总体目标。简而言之，组织行为符合决策的总体目标。如果你的组织行为脱离甚至背离了总体目标，没有按决策的既定方案行动，那么你的组织行为是南辕北辙，是既无用又毫无价值的行为。

集权与分权相统一。因为组织行为是各方力量的集合，各方力量的集合就体现了组织行为的作用，特别是人与人的集合，和物与物的相对简单化的集合来比，显得更加复杂和艰巨。组织行为很重要的一项行为是对权力的分配。决策是宏观的总体方案，组织是对决策总体方案的细化，但是细化当中，各方力量的相互融合特别是彼此碰撞，因为各自利益的需求，滋生了支配和控制利益的权力欲望，由此形成了权力分配和占有份额的差异。权力分配和占有份额的直接表现是集权和分权。集权是将权力集中在个人或者部分人手中，表现为能够支配或者是能够主导组织的整体行为，也就是个人或部分人集合各方应当拥有的权力，以绝对的权力主导或控制组织行为。集权的好处是统一了集体意志，便于强有力地执行，让各方朝着总体目标前进。然而，集权很容易产生组织的片面性，带来个别不良的消极影响。分权是将组织行为的各项权力进行合理的分配，让参与各方拥有责权能相一致的部分权力，各方权力相辅相成和相互制约，最终形成一种民主、共融、制约与和谐的组织行为。简单来说，分权是参与各方都有符合各自发展能力的权力。其价值主要是为了组织行为的民主和公开，起到共融和制约的作用。组织行为过程中如何让集权和分权有一个合理的分配，这是千百年以来世人面临的一个悬而未决的疑难课题。值得考虑的是，一方面是要分权。分权的必要性来源于不同见解、不同意见的组织行为。具体来讲，要调查研究，对不同见解、不同意见合理整合，其作用是各方能够表达各自需求和各自诉求，将各方真实意愿凝聚起来，为主体和组织行为的整体发展提供合理的共同的价值取向。另一方面，要在广泛民主的基础上，采取集权行为。简而言之，就是民主集中。当各方呼声和意愿表达后，有必要进行单一的集权。值得注意的是，集的权不是在集体意志之上的个人意志，而是在个人意志之上的共同的集体意志。集权的效用是为了形成共同意志，再将共同意志运用到组织行为中，让组织行为更加有效，达到良好的有序的组织运转状态。

高效有序。高效是在较短的时间限度内完成高质量的组织行为。有序是让涉及对人对物对事等各种要素的组织行为，最大限度地实现整个管理过程的系统性和整体性。只有组织行为高效有序，才能降低或减少因低效和混乱组织行为产生的风险。

宏观与微观相统一。宏观和微观的关系是全局与局部、整体与部分、总体组织目标与个别组织目标等方面的关系。宏观与微观相统一，是站在组织行为的最高点，将各方力量作为总体，形成一股整体合力。宏观上，主体应当以包容的心态，从整体发展的目标出发，为组织行为服务；微观上，主体需要考虑组织行为涉及不同的人和事，要将人与人的结合，将人与事的结合，将事与事的结合，形成一股总体的新的向上的集体力量，让集体力量和个体力量各自转化为高效的社会生产力。

汉高祖刘邦说："夫运筹策帷帐之中，决胜于千里之外，吾不如子房。镇国家，抚百姓，给馈饷，不绝粮道，吾不如萧何。连百万之军，战必胜，攻必取，吾不如韩信。此三者，皆人杰也，吾能用之，此吾所以取天下也。项羽有一范增而不能用，此其所以为我擒也。"[①] 以上说明了组织风险的存在及其重要性。

---

① 司马迁著，《史记·高祖本纪第八》，长沙：岳麓书社 2001 年版，第 80 页。

第三节　指挥风险

指挥风险是组织风险的延伸。主体进行管理的行为其实是指挥的行动过程，表现为主体对各方要素的直接指令和具体安排。比如主体对自身的人生指挥，包括思想的指令，也包括行动的安排。对自身的价值理念、知识结构，外在因素和处理问题的方式方法，主体均需综合考虑，再将这些要素进行统筹指挥，让它们形成巨大合力，实现总体目标，实现社会价值。指挥的最佳形态就像古人所说，招之则来，挥之则去。它是一种朴素的指挥意识。如果主体在管理过程中能够达到招之则来，挥之则去，那么这个指挥行为是高效的。表面上看，指挥是人的主观能动性，其实它是主观见之于客观的现实性。主体通过自身的语言行动和外在的制度规则来调动一切事物，完成决策的目标。指挥有风险吗？答案是不言而喻的。指挥肯定有风险。如果你对指挥没有一个清醒的认识和具体的准则，一味盲目指挥、无序指挥、盲从指挥，那么你面临的风险是不可想象的，产生的后果是不堪设想的。

指挥同风险的内在联系，可从以下方面进行分析：

指挥权限。指挥权限是拥有指挥权的主体在组织行为过程中有多大的权力。它包括指挥权限的内容、指挥权限的等级和指挥权限的效力范围。正因为指挥主体有权力，所以指挥必将带来风险。也就是说指挥主体必须要在权限内行使权力，既不能越权，也不能滥用权力，更不能为非作歹，私用权力。

指挥强度。指挥强度是主体指挥行为的效果大小，表现为按照决策的总体方案去指挥，确保总体目标的完成。指挥者指挥的效果主要体现为能否将指挥意图，付诸指挥对象，在行动上达到高度的统一和规范。

指挥速度。速度往往是力量的直观表象。指挥速度是主体在指挥过程中将指令作用于管理对象的速度。大千世界，事物瞬息万变，只有抓住机会，机会才会给你带来无限的力量源泉。不同的事物在某时期所表现的效果是不同的，这就提示指挥者一定要按照客观规律，或者是按照事物进程的发展模式，有计划地快速指挥和操作。一方面你不能指挥落后，指挥的落后会让你跟不上节奏，必将带来风险；另一方面你也不能超前指挥，超前指挥容易导致你力不从心，后方无援，同样会造成风险。战争指挥的速度体现战争的竞争程度，如果出现我方指挥落后，士兵稀稀拉拉，物资供应不上，各军种貌合神离，迟迟不能占领战略要地等疲软混乱而低效落后的状态，那么必然会面对来自敌方攻击的巨大风险；如果你指挥速度过于超前，让己方的兵力瞬间冲向前线，势必造成己方有生力量的支援跟不上，那么极有可能遭到敌方围攻的危险。

指挥效果。指挥效果是主体指挥行为要达到的结果。指挥效果与风险之间的关系成反比，即指挥效果越好，其风险越低；指挥效果越差，那么主体面临的风险越大。比如，你作为企业经理在企业开发产品的过程中，如果能将企业人员、部门和各事项有机地结合起来，进行快速和有效的指挥，那么开发产品面临的风险相对就少；如果你的指挥是混乱无序的，那么面临的风险就很大。

既然指挥有风险，那么面临风险的因素有哪些？指挥风险的因素主要包括指挥的片面性、指挥的盲目性、指挥的无序性、控制弱化和指挥意志弱化。

指挥的片面性。指挥的片面性是指挥者在指挥行为中只关注了某一方面，而疏忽了另一方面，或者将过多资源倾注某一方面，而减少对其他需要注意事项的投入。其本质是片面的零散的。其原因既有主体对事物认识的差异，也体现在主体指挥力量的分配不均匀，它往往缘于个人的性情、认知和经验等内在和外界因素的影响。

指挥的盲目性。指挥的盲目性是指挥者对自身认识的不确定，或是对指挥事项认识的不确定，由此产生盲目的认识。对自身的盲目认识体现为无知、冲动、畏首畏尾和好大喜功等不清晰的态度和行为。对指挥事项的盲目认识，体现为既没有一个清晰的认知和思路，也没有一个科学的行动方案。“脚踩西瓜皮，滑到哪里是哪里”，即是指挥盲目性的写照。

指挥的无序性。指挥的无序性表现为指挥者在思想上和行动上没有一个可量化的规章秩序，没有将指挥行为进行合理的量化，孰轻孰重，孰缓孰急，分不清楚；或表现为对指挥效果没有合理的认识，往往发生东面起火跑东边、西面起火奔西边的无序状态。造成指挥无序性的原因，一是指挥者对自身认识模糊；二是对指挥行为没有一个具体的方案；三是对指挥涉及的人和事物，因不清晰的认识和不和谐的交流，难以形成集团力量。无序的指挥必然带来风险。如果指挥无序，即使指挥获得一点结果，其结果也是偶然因素介入的意外收获，绝不可以和决策的目标结果相提并论。

控制弱化。控制弱化是指挥者很难执行指挥意图，难以控制和驾驭指挥对象，指挥者对指挥对象而言，已经失去了应有的认可和形象，失去了权威，指挥对象不听号令，各自为政，各唱各的调，各吹各的号。控制弱化削弱了指挥权限的凝聚力，削弱了指挥者作为指挥灵魂的根基，导致指挥行为处于流沙崩塌的状态。控制弱化的原因，一方面是指挥者能力的弱化，其与个人品德能力和素养有关；另一方面是指挥对象对指挥者权限的不忠和藐视。控制弱化的主要危害是削弱了指挥者的权限。理想和谐的指挥状态是指挥者与指挥对象达成一种既分权又集权、既严肃又活泼、既忠诚又爱护的共融的形态。但是，当指挥对象不听命于指挥者时，指挥行为就会出现控制弱化，由此造成指挥无序，导致风险接踵而至。东汉末年，十八路大军讨伐董卓，共推袁绍为总指挥，但由于袁绍自身能力缺陷和对战局判断失误，造成各路人马不听指挥，各自为政，最后联军讨伐草草收场。

指挥意志弱化。意志弱化是指挥者思想松动，内在动力不足，表现为或是缺乏必胜的信心，或是个人情感脆弱，或是意志力薄弱，等等。关羽在华容道私放曹操，即是指挥意志弱化的典型，他因个人对曹操的宽容和怜惜，私放曹操，给蜀国带来国家战略风险。

表面上看，指挥者至高无上，一呼百应。然而，正如以上分析，当指挥权杖在手时，风险便悄悄紧随而来。今天，如果你手握指挥权杖，那么该如何让指挥行为处于有利的状态，朝着积极向上的方向发展呢？该怎样通过对自身的认识或对指挥行为的客观评价，做到有备无患，达到决策和指挥目标，实现总体目标呢？

指挥服务总体目标。指挥行为要紧紧地以设定的总体目标为出发点和终点，服务和服从于决策的蓝图。指挥的最终目标是服务总体目标，实现最终结果。指挥作为决策与行动中间重要的链条，既要符合事前设定的目标蓝图，又要达到事后的目标效果。指挥者发出的某个指令、指挥的某个事项，均需紧紧以总体目标为中心，而不能偏离总体目标，或在目标之外。如果指挥者是在总体目标之外指挥，那么就是瞎指挥或乱指挥，此种不健全的指挥不管付出了多大的智力和劳动，因其与总体目标的差异，获得的是部分或无用的价值利益，该价值利益不足以达到总体目标的价值利益。解放战争期间，林彪参与指挥辽沈战役和平津战役，其指挥的目标就是实现毛泽东决策的从国民党手中夺取东北、华北，进而解放全中国的总体目标。

指挥要有主动性。指挥主动性是指挥者对指挥行为要积极主动，强化主观能动性，发挥更大范围的能力，要求你对指挥事项的判断有清晰严谨的分析。指挥是积聚各方力量的过程，重在深入考察，减少闭门造车。只有通过调查发现问题，才能找出指挥的问题和发生的原因。指挥行为的主动性能让你发现没有预测或意外的可利用的人、事、物和其他有利条件。当发现没有事先掌握的事项和风险时，指挥者需要靠前指挥。比如，企业生产的产品出现质量问题时，作为企业经理需要深入到生产车间，深入到市场的销售网点，收集第一手资料，只有获取了基础资料才能为决策和指挥提供有价值的参考。如果是闭门造车，如果是将同类产品的设计制作方案抄抄写写，忽视指挥者的主动性，那么很难提高产品质量。

指挥要有创造性。为什么说指挥需要创造性？指挥是一种艺术。指挥和组织一样，更多的是将人聚拢。指挥需要指挥者的创造性。但是，创造性不能离开既定的总体目标。也就是说，应该在总体目标的指引下发挥个人的创造性。具体来说，是要符合总体目标，与指挥者自身能力相符合，然后与指挥对象相符合，还要与创造性的自然规律相符合。创造性体现更多的是如何使各种不同的人、事、物达到一种有机的结合。诸如孙膑帮助田忌赛马的故事：孙膑建议田忌将己方最好的马与对方中等的马比赛，将己方中等的马与对方下等马比赛，将己方最差的马与对方最好的马比赛。其赛局是田忌赢了。孙膑对赛马的指挥其实质是一种对各种力量的创造性组合。事实上，指挥创造性也是对自身能力的再创造，可以激发指挥对象的激情和能力，由此激发自身和集团的更大活力和激情。

指挥演练。指挥演练是指挥者指挥前对指挥行为的事先演练。现实的指挥行为既面临主观因素，也面临客观因素，还面临总体方案中不可预测的可变或不确定的因素。指挥者在指挥之前要作出科学合理的规划，需要有个清醒的认识，包括对指挥事项、可能面临的困难和障碍，要以看得见的形式进行量化，通过演练做到心中有数。当前，国际上频繁的军事演习，其本质是为将来可能发生的实际战争做事先的指挥演练，以便查找和分析战争风险，为实战积累可复制的经验。

统筹协调。指挥者要树立统筹协调的观念，有一种大局意识和协调意识。好的指挥犹如将车子的发动机、减速器、方向盘、喇叭、灯光和轮胎等，有效组织起来，达到良好的运行状态。指挥是将不同的人、不同的物和不同的事组成一台高效有序的运转机器，指挥者与指挥对象，与参与的人、物、事形成一个和谐有序、积极向上、高效运转的整体。统筹协调表现为：首先，指挥者思想上有大局观，不能因为一己之利而损害了整体利益；其次，指挥者以冷静、理智的心态面对指挥过程的复杂性和意外事件；最后，指挥者以感情和集体主义精神来激发指挥对象的内在能力，共同实现整体目标。统筹协调要求指挥者和指挥对象之间建立起一种彼此信任和合作的关系，形成共同的利益团体，为总体目标服务。

智者千虑，必有一失；愚者千虑，必有一得。不管你是否时时注意或是运用了指挥的主动性、创造性，指挥演练和统筹协调，因为指挥是人意志的表现，因为外界事物的复杂性和多样性，都可能会导致指挥的失误甚至失败。指挥的失败有可能是小部分失败，有可能是大部分失败。当指挥受挫时，指挥者如何及时进行科学合理的补救？一是要有应急预案；二是在符合总体目标的框架内及时修改指挥方案；三是保护人性化利益，牺牲较小利益，维护总体利益。即使指挥失败了，如果指挥者本着人性化指挥，有爱心，有德行，那么一时的失败指挥会带来下次更好的指挥。需要注意的是，指挥失败了，不要怯懦，不要害怕，不要将失败的苦药丢给他人，而应当自己勇敢地承担责任，优秀的指挥者是从炼狱中爬出来的。

第四节　行动风险

指挥的落脚点是如何行动。只有实施有效的行动，才能实现有效的指挥。

然而，有效的指挥并不一定带来有效的行动；有效的指挥或多或少会带来有效的结果，但是并不一定有效的指挥就必然带来有效的行动。因为行动是行动者以具体的行为，落实指挥者的指挥目标，实现决策者的总体目标，它是直接与管理事物产生直接的作用力，它们之间相互摩擦、相互排斥、相互影响、相互融合所产生的作用力，会带来各种直接的利害关系。有利害关系就会带来风险。可见，只要有行动就有风险，但是也只有行动，才会有收获。

不管你个人有多大的梦想、多么科学缜密合理的人生蓝图，假如不去行动，即使你心中有颗太阳，你获得的也是黑暗。一百个梦想不如一个实际的行动。只有具体的行动，才能够实现你的梦想，实现你的目标。需要注意的是，你的梦想和目标是美好的，但是现实是很残酷的，在行动的过程中，你面临着各种不同的人和事物等不确定的因素。这些不确定的因素既有你遇见的，也有你没遇见的，你只有沉下心来，将大的梦想细化为一个个小的梦想，将大的步伐细化为一个个小的步伐，一步一步去行动，用你自己的双手辛勤劳动和不停付出，才能得到收获。很多人都想画出蒙娜丽莎的微笑，但是，只有意大利著名画家达·芬奇，他用心去绘画，创作出伟大的作品，他不但拥有了蒙娜丽莎的美，还让世人共享了《蒙娜丽莎》的美。然而，他在创作这幅油画时，付出了多少心血和努力，是不为外人所知的。他进行了长时期的观察、长时期的创作，面临的创作风险也是非常大的。总之，当你在做好人生规划，设计好人生蓝图后，就应当以万分的激情将个人能力发挥到极限。只要行动了，就会有收获，就向成功靠近了一步。春天播种后，假如你不去行动，不去除草，不去浇水，是得不到秋天的果实的，你得到的只能是漫长寒冬的忍饥挨饿。

当然，只要行动就有危险。为什么这么说？可以从以下方面来观察和分析。

行动的不可预知性。思想决定行动。思想是行动的指南针，有什么样的思想就有什么样的行动。但是，主体的行动会面临许多不可预知的风险。行动存在不可预知性的原因在于主体思想的不稳定性。主体规划、设定行动不可能考虑得非常全面和周到，总是受着或左或右，或粗或细，或深或浅的方方面面的影响。主体在行动时总会受到自身认识的局限性和外在客观环境因素的影响。世界万物时时在变，稳定是变化中的短暂的休整期。比如你向前迈出一步，前方的这一步路就存在不可预知性，表现为一步的长短、步伐形态如何、前方是否有陷阱，等等。又如，寒冬时节前方道路看似平整，如果你心不在焉，一步下去，因路面结冰，就可能滑倒摔伤。

思想和行动的分离。思想和行动的分离缘于思想与行动的不对称性。思想和行动的分离会带来巨大的风险。不管主体如何做规划，如何考虑各种风险因素，如何预测不利后果，主体的规划总是有限的，这种有限性导致了行动的不可预知性。这种有限性又很难弥补行动的无限性带来的风险。当主体的规划没有科学合理的思想体系介入，主体实施的行动面临的风险往往超过有规划有方案的行动面临的风险。思想与行动的分离，其本质是人的认识与行动在时间和空间上的差异。比如中风患者可能在语言表达或行动上不能完全体现他的思想，这就是思想和行动分离带来的风险。

行动的盲目性。行动的盲目性是主体对自身行为的自负认识。人的自恋和虚荣导致个人总认为自己是最优秀的，由此认为自己的行动是正确无误的。决策者如果不经过调查研究，就匆忙决策，就可能造成行动上的盲目，带来严重的后果。行动的盲目性还体现在主体对外在事物认识的局限性。如果没有一个客观全面的认识，狭义和片面的认识必将导致行动的盲目。

哪些因素造成了行动风险呢？

狭隘的结果观。行动的目的是获取结果。获取结果的急切心愿和结果的不确定性反过来影响了主体的行动，会给主体的行动带来很大的风险。结果的实现与主体的能力紧密相关，与主体付出的劳动量紧密相关。但是，人性告诉人们，大部分人总想只付出小部分的劳动量，去获得巨大的收益结果，以小额的行动获取大额的结果，这种现象可归结为贪婪行为。由此一来，行动和结果的不对等性，引发了利益冲突。利益冲突激发和带来了风险。除了贪婪行为，还有“僵尸行动”。“僵尸行动”是主体不行动，像僵尸一样没有思想，更没有具体可行的行为，一心想不劳而获。“僵尸行动”是狭隘的结果观。“僵尸行动”还体现为主体参与了管理行为，但是没有以一种积极的心态去管理各方，而是以一种不作为的形式应付作为。比如坐山观虎斗，坐山观虎斗是一种典型的“僵尸行动”。需要引起注意的是，你不要以为两虎相斗，自己就能够从中得利。事实上，你在闲坐、看热闹的过程中，丧失了积极参与和主导支配双方力量的主动权，因为只要积极行动就会有收获。坐山观虎斗，有时会有微小的利益，但这种微小的利益与你积极向上的精神面貌是背道而驰的，与正常竞争发展的秩序是格格不入的。

行动的无目标性导致行动的随意性。行动的无目标性指主体在行动中没有目标，其行动与组织、指挥的总体目标是没有关联的。如果主体忘记了决策目标，那么主体的行动极易陷入无目标的旋涡中。行动中无目标，如主体在大海中航行没有方向盘，任意漂流，最终会被狂风暴雨所吞噬。行动的无目标性极易导致行动的随意性。行动的随意性是主体自身行动过于受意志因素的左右，极易随环境的变化而变化，俗称“变色龙”。行动的随意性，其根源在于对组织、指挥目标的不坚定和不同一。

心态杂乱。心态杂乱是主体行动时心情浮躁、焦虑、激进等不良情绪的表现。面对各种行动，主体应以理性平和的心态和心境去实施，将自身不良情绪控制在合理的区间范围内。冲动是魔鬼，因为冲动是主体内在的随意杂乱的思想所激发出来的扭曲和过激的行动，它是一种不正常的行为状态。酗酒闹事即是心态杂乱的行动风险表现。

既然行动有风险，那么该如何应对？

预行动。一个完整有序的行动需要有一个科学可行的行动路线图。前面分析了指挥演练，说明了指挥演练的重要性。指挥的直接结果是看行动能否达到指挥的效果。可以说，指挥再科学可行，如果没有高效有序的行动，指挥也是“雷声大雨点小”。事实上，主体在行动中需要有一个清晰明了的行动路线图。预行动即是行动预演，是对行动路线图的初次检验。行动预演的主要效果是使行动具有可操作性。主体在行动时会面临各种风险，应当考虑处理各种不稳定的因素，让各种有利的因素形成一股合力为己所用。比如你生产豆制品，如果想让产品风靡全中国，甚至占有一定的世界市场份额，那么对你来说，首要的任务是行动预演。首先要对豆制品重新定位，生产豆制品样品，进行科学评估，包括对营养成分、颜色、气味、甜度、形状、口感和包装等事项进行设计和测试；其次要到各省市县区实地市场调查，了解分析各类消费者的需求状况，进而预测市场份额。通过对豆制品生产、供应、销售和消费等方面的行动预演，了解各种行动障碍和困境，以便科学合理地化解和克服各种障碍和困境，由此生产出高品质的豆制品，获得广大消费者的喜爱和肯定，进而力争占领市场。

行动符合总体目标。单个行动要为总体目标服务。周恩来说，为中华之崛起而读书。他的读书和他的革命事业都是符合总体目标的，即是为了拯救水深火热的旧中国，建设一个民主自由富强的新中国。当然，因个体不同时期人生观和价值观不同，其行动在一定合理的范围内有所改变，这是符合客观实际的。比如鲁迅弃医从文：他青年时期的行动目标是悬壶济世，但是后来他把行动修改为从文，进行文学创作，其目标是通过文字让广大国民在思想上产生新的觉悟。也就是说，你的行动要符合总体目标。作为你个人来说，总要坚守人生目标。但是，你进入社会，参加工作后需要热爱你的职业，时刻考虑你的职业现状，并为之努力付出。

只要你每天每月每年都为职业服务，天天行动，天天耕耘，日积月累，那么就没有做不好的事情，那么人生就不可能不开花结果。许多人年轻时信心满满，随着岁月的流逝，当他们面临挫折时，认为自己天天从事老本行是一种无谓的没有意义的行动，从而滋生松懈滑坡的情绪，甚至沉迷享乐，这种负能量的行动削弱了其人生目标的正能量行动，逐渐让人生目标偏离了正常的人生方向，最后当他们步入晚年时才惋惜不已。由此看，不管你昨天做什么，今天做什么，明天做什么，时刻要与你开始设想的总体目标相一致，就像燕子垒窝，不停衔泥筑巢，才能够把鸟窝垒好，才能够免受外面的狂风暴雨和严寒酷暑。

行动符合道义。纵观中国历史，起义者提出的口号里很多都有“替天行道”的声音，由此证明起义者推翻原先政权的行动是符合道义的，下顺应民情，上符合天道。民情是大众的心理需求，是世俗普遍的价值观，是符合道德伦理和人的价值需求的。每个时代都有同时代群众内心的价值追求。天道符合大自然的规律，它是以人道为基础的，只有通过人道才能够体现出来。得道多助，失道寡助，即是衡量道义的准绳。如果个人的行动违背伦理道德，违背公序良俗，违反村规民约，违反人基本的价值追求，那么这种行为可能对行动者来说有部分价值和意义，但对大众来说是无价值和无意义的。

行动合法。在法治社会，个人的每个行动均需符合法律法规。不管是政党的管理，还是个人的日常生活，都要遵守宪法，遵守法律法规。只有合法的行为，才能受到国家的保护，才能受到法律的保护，才能受到社会公众的认可。违法的行为必将受到国家的惩处，受到法律的审判。比如明太祖朱元璋死后，把江山传给建文帝朱允炆，明成祖朱棣以“尊祖训，诛奸臣”的口号，发动靖难之役，把建文帝赶下台，自立为帝。即使是这种权力之争，朱棣也不得不为之披上一件“合法”的外衣。

及时修正行动方案。朱熹《论语集注》云，有则改之，无则加勉。[①] 这说明个人的错误行动并不可怕，只要他分析错误的根源，注意吸取教训，找到更好的行动路径，对今后的实际行动就有指导意义。人生不如意之事十有八九。当行动面临困难或者遇到不可逾越的困境时，你不要惧怕，而要善于接受他人的批评和意见，善于找出行动中的不足的原因，及时修正行动方案。需要注意的是，你修改行动方案时，要注意合理微调，而不能较大范围地改变，甚至作出实质性的改变。如果是作出实质性的改变，则需要重新作出新的组织、指挥方案。比如你今天是公务员，明天想当画家，后天又想当医生，大后天又想当将军，你的行动方案总是处于一种混乱的不稳定的状态，那么你的行动必然会遇到很大的不可预测的风险。另外，你在修正方案时，不能抛弃道义上的忠诚，行动上的忠诚是道义上忠诚的具体体现；没有行动上的忠诚，思想上的忠诚就无从评价和衡量。假如你的行动今天忠于此人，明天

① 朱熹撰，金良年今译，《四书章句集注》，上海：上海古籍出版社2006年版，第60页。

忠于彼人，今天忠于此组织，明天忠于彼组织，今天忠于此政府，明天忠于彼政府，那么你行动的不忠诚必然给你带来巨大的危害。比如汪精卫开始忠于国民党，后来投靠日本，成了大汉奸，最终受到全国人民的唾骂和抛弃。

保持淡定和定力。个人以什么心态去行动？个人只有内心强大，保持淡定和定力，才能泰然处之。淡定就是平和的心态，定力就是万变而我不变的意志力。不管外边世界多么纷繁复杂，你的内心始终需要坚守行动目标，既不因他人意志的左右而改变，又不因其他事物的影响而改变，特别是在执行任务时必须怀有绝对的忠诚，时时刻刻保持内心的平静，用理性的思维指导行动。你需要将所学的各种知识，特别是对人生的认识，事物发展的规律，以及各种矛盾产生的原因，进行客观的综合的分析和评判，让自己处于一种宁静的心境状态，始终保持对事物的清晰认识。三国时期蜀汉丞相诸葛亮在街亭失守，司马懿大军直逼城下，无兵御敌的险境下，却大开城门，自己坐在城楼弹琴迎敌，大唱空城计。他为什么敢唱空城计？因为他相信自己的决策目标，对自己的行动始终保持淡定和定力，其保持淡定和定力的能力又来源于他对复杂事物的清晰认识和独立判断。

行动有风险，但并不可怕，只要你坚守目标，永不停息地奋斗，胜利的鲜花就在眼前。请你千万不要不行动，虽然行动有风险，但不行动的风险或许百倍于行动的风险。

第五节　监督风险

监督不但是为了确保决策、组织、指挥和行动等管理行为的运行达到正常、有序和规范的效果，而且也是为了实现有效的监督行为。

监督风险是由监督行为引发的风险。监督的目标和效果是促使和提高监督对象严格遵守政策、制度和法律，以最大限度地避免监督对象的不良发展趋势和形态。通常来说，监督是避免不良发展趋势和形态，由此它是好的。但是，为什么说监督还存在风险呢？其原因在于它受监督者的能力、监督者的权力、监督制度的完善程度、监督手段和程度等因素影响。

监督与风险之间的关系如下。

风险是恶之因。主体在监督管理过程中，受到监督对象抵触、抵抗、不配合等恶的因素的影响。一般来说，监督对象本身是制度或规章赋予权力者。但是，受各种原因的影响，制度和规章本身也有恶的一面。

监督是善之果。监督对象受到外界合理有效的制约，修正和遏制不良行为，朝着良性的方向发展，这就是修正、弥补和完善监督对象，确保监督对象的发展往善的方向进行。

监督是风险的良药。通过有效的外部监督，让主体本身存在的风险降低到最低的程度。风险处置就是对监督对象做出的比较客观公正的一种监督，让其走上正常的程序。

监督类型与监督目标。类别、层次、程度的差异，导致监督类型的多样化。从监督要素来分，有管理主体监督、管理客体监督、管理对象监督等方面；从监督主体来分，有国家监督、人大监督和社会监督等方面；从监督客体来分，有政治监督、经济监督、文化监督、军事监督、外事监督、卫生监督、教育监督等方面；从监督对象来分，有对人的监督、对行为的监督、对事项的监督等方面；从监督手段来分，有立法监督、监察监督、司法监督和行政监督等方面；从监督形式来分，有民主监督、群众监督、信访监督和舆论监督等方面；从监督范围来分，有外部监督、内部监督和自我监督等方面；从监督时效来分，有长期监督、日常监督、暂时监督和动态监督等方面；从行政监督角度来分，有审计监督、财政监督和统计监督等方面；从监督体制角度来分，有纪律监督、监察监督、巡视监督和派驻监督等方面。总之，不管监督类型如何分类，最重要的目标是通过监督，确保监督对象按照规章、制度和法律的规定和要求管理，由此减少和遏制权力滥用。

监督风险的因素有哪些呢？是哪些因素让监督本身反而产生了新的风险？

形式主义监督。形式主义是主体管理过程中，片面地注重形式要件，忽视或放弃实质要件的思想方法和工作作风。华而不实，雷声大雨点小，即是形式主义的具体体现。中国共产党从成立到今天，一直在和形式主义作坚决的斗争。毛泽东主席在延安整风运动中，要求广大共产党员和干部反对形式主义；在中华人民共和国成立后，他也一贯要求共产党员和干部坚决反对形式主义。改革开放后，党中央同样要求广大共产党员和干部杜绝形式主义。当前，习近平总书记多次要求，必须反对和摒弃形式主义。如果监督采取的是形式主义，那么，监督也就不是实质上的监督了。形式主义监督比没有监督风险更大，危害也更大。

运动式监督。运动式监督表现为监督行为的阶段性，具有跳跃性和间歇性。其表现为没有一个总体的连续的监督过程。比如监督没有延续性，要么此时监督，要么彼时监督；要么此段监督，要么彼段监督。还有就是监督时割裂事项或事物的整体，要么监督事前，要么监督事后，要么随意监督。监督的间隔时间和割裂的程度越大，风险越大；反之，则越小。事实上，运动式监督往往既是形式主义监督的前因，也是形式主义监督的后果。

情绪化监督。情绪化监督是监督者对监督行为的个人情感化和意志化，表现为以自身的主观认识、好恶、价值判断和需求为出发点，完全忽视事物的自然发展规律和社会发展的客观规律，其结果或许会是暂时的风清气正，但是这种好景不会长久，它只是昙花一现。情绪化监督隐藏着不可预测的风险因素。如果监督者过多地加入主观因素，那么监督就会失去公平公正、理性科学的观察和分析。明朝开国皇帝朱元璋，为了朱氏家族永坐江山，大肆惩治擅权枉法等渎职腐败行为，历史表明，朱元璋情绪化的法律监督并没有给大明王朝带来国家富强、政治清明、百姓衣食无忧，反而引发各级官员懒政怠政、办事效率低下等社会风险。

监督盲区。我们说要把权力关进制度的笼子里。对权力进行的监督是制度。此处又引申出一个棘手的问题，那就是由谁来监督制度的制定和执行。制度的制定和执行往往是权力者权力的象征。这也就进一步说明，权力者约束和监督权力。从正面来说，权力者监督他人的权力，或许还有一定效果，但是从反面来看，要权力者监督自身的权力，那是很难做到的。很多优秀人物，要他们监督自己，谨慎理性用好手中的权力，那也是不容易做到的。如此一来，就造成监督盲区。监督盲区主要表现在两个方面，一方面是监督者自身的盲区，即权力者的盲区，此类盲区危害最大。封建社会里中国最大的权力者是皇帝，只有他监督别人，没有他人监督皇帝，形成监督皇帝的盲区，如果皇帝品质低下、能力不足，那么风险是巨大无比的。另一方面是监督对象的盲区，又分对人和对事监督的盲区。对人方面包括特权阶层、利益关系人和社会危险分子的监督盲区。比如艾滋病患者犯罪，有的艾滋病患者是社会危险分子，对这类人的管理往往成为社会监督的盲区。对事方面包括新生事物、陈旧事物和可变事物的监督盲区。监督对象的盲区极易造成歧视和不公，诱发阶级分化和事物的畸形发展。

监督“僵尸”。监督“僵尸”是监督者在监督过程中将监督对象视为“僵尸”，致使监督对象没有完全的自主能力和判断能力。造成监督“僵尸”的根源是监督者思想上的强权和行为上的强势，有的是越俎代庖，有的是暴力监督和胁迫监督。监督者在权力膨胀的时候，监督对象的权利往往得不到保障，从而造成监督对象没有个人的思想和灵魂，没有依法管理事务的各项权力，最终丧失了管理的能力。比如汉献帝被曹操挟持，从常理来说，皇帝受到监督是有利国家正常发展的，但是曹操暴力监督和胁迫监督，挟天子以令诸侯，汉献帝没有一丝一毫的自由和管理行为。此种曹操对汉献帝的监督行为即是监督“僵尸”的具体体现。监督“僵尸”的风险在于要么社会人人自危，噤若寒蝉，要么改朝换代。总之，监督“僵尸”的风险是巨大的。

面对监督风险，需要注意以下事项。

监督人性化。监督人性化即是：一方面监督者用善心监督，用民主的形式和手段，达到民主监督的效果。另一方面监督者对恶的反省，对自身不足或错误的思想和行为自我批评、自我赎罪，实属主动监督、自我监督。比如，1942 年毛泽东主席在延安整风运动中提出“惩前毖后，治病救人”的方针即是人性化监督。

监督制度化。运动式监督往往是热一阵，冷一阵，它极易形成监督“老油条”，危害极大。要克制此难题，重要的手段和途径是建立监督的长效机制，即是监督制度化。监督制度化的本质是要求监督政策具有规范性和监督行为具有连续性，确保监督活动常态化，建立起一套科学理性，符合人性发展，符合事物发展规律，符合社会管理的监督制度。只有以看得见的形式监督，只有长期的持续的监督，才能被监督者接受，才能被监督对象接受，才能形成有效的监督制度。

监督法治化。监督制度化需要解决的问题是监督有章可循，杜绝形式主义，以及如何长期持续地监督。监督法治化的侧重点是依法监督，任何监督情绪化和非法律的监督行为，均是违法监督。违法监督比没有监督所造成的社会危害更大。监督法治化是把各项监督规定利用制度、法律等形式固定下来，使监督规范化。法律是国家意志的集中表现，也是人民群众的总体意志体现。依法监督，就能得到人民群众的认可，就能得到国家的认可。正因为是法律监督，才能够让监督者在法律范围内依法履行监督职责，也让监督对象知道如何更好地履行受监督义务。

慎用监督权。在实行监督制度化和监督法治化的同时，还需要慎用监督权。监督权是一把双刃剑，用好了，它可以维护权力的良好的运行状态；用坏了，它会造成权力滥用，将社会引入混乱无序的状态。慎用监督权，最重要的一点是权力者在行使监督权时，需要始终保持一颗平和、善良的心，始终保持自由、平等、公平、正义的价值追求，切勿情绪监督、任性监督、随意监督和暴力监督。值得注意的是，从你忘记慎用监督权的那一刻起，你就有可能身陷权力火海的风险。

全面监督。全面监督是社会监督、群众监督、民主监督、立法监督、行政监督、司法监督、纪律监督、监察监督、巡视监督、派驻监督、审计监督和舆论监督等监督形式的有机统一，各种监督各司其职，相互配合，形成监督合力，达到监督社会和国家的整体效果。就监督对象来说，任何人在监督面前一律平等，既不能有任何特权免于监督，也不能额外附加监督义务。当前，我国成立国家监察委员会，对所有行使公权力的公职人员进行监察。[①]实施全面监督，一方面能够更好地发挥国家监察委员会的监督职能和社会效果，另一方面能够更好地保护广大群众的合法权益。国家监察委员会应当依法监督，应当接受全国人民代表大会及其常务委员会的监督，应当依法公开监察工作信息，接受民主监督、社会监督、舆论监督。[②]

每个人既是监督者，又是监督对象。唯有监督制度化和监督法治化，才会督促每一个公民知道人生的底线在哪里，明白人生的路线怎么走。

---

① 2018年3月20日第十三届全国人民代表大会第一次会议通过的《中华人民共和国监察法》第三条规定："各级监察委员会是行使国家监察职能的专责机关，依照本法对所有行使公权力的公职人员（以下称公职人员）进行监察，调查职务违法和职务犯罪，开展廉政建设和反腐败工作，维护宪法和法律的尊严。"

② 《中华人民共和国监察法》第五十三条规定："各级监察委员会应当接受本级人民代表大会及其常务委员会的监督。"第五十四条规定："监察机关应当依法公开监察工作信息，接受民主监督、社会监督、舆论监督。"

第五章

行为规范的风险类型及其处置

道德、制度、权力和法律是社会治理的构成性要素，它们均起到指导、规范和调整社会公共秩序的重要作用，影响着社会(国家)治理的各个维度。道德作为主体的内在律令，形成巨大的策动力和约束力，能够有效引导和规范人们的外在行为；制度和法律是成文的道德，是主体享有权利、履行义务的行为准则；权力是主体依法行使的参与社会管理的支配力量。四者既是风险管理涉及的社会客体，也是主体在风险管理过程中直接指向的社会对象。任何主体都无法跨越和逃避道德、制度、权力和法律的风险。

第一节　道德风险

道德是一种社会意识形态，是人类社会在共同生活中形成的对社会成员起约束和团结作用的准则。[①]《礼记·曲礼上》说："道德仁义，非礼不成。"

本书探讨风险时，是否需要涉及和引入道德界面？如果遗忘或舍弃道德风险，那会因为缺少道德的温暖从而使得风险管理缺少感性的温度；如果关注道德风险，笔者唯恐因尚未达到高度的传统的道德精神层次而使得道德风险的探讨缺少理性的广度和深度。然而，为了尽可能达成风险管理结构论述的完整性，同时也为了评价其他章节研究对象涉及的道德价值，本书分析道德风险也就显得很有必要，并有一定的指导意义。

有人说，道德与风险没有关系。对此观点，笔者不敢妄加论断，因为妄加评论本身就是一种具有很大风险的道德行为。道德是普遍的共有的内心准则，包括道德自身的价值和持有某种道德的价值，此两种价值与风险都存在着紧密的联系。道德自身的价值越高（大），风险越小；道德自身的价值越低（小），风险越大。比如文明的程度越高，其风险越小；文明的程度越低，

① 《辞源》，北京：商务印书馆2011年版，第3355页。

其风险越大。持有某种道德价值越大，其风险越小，反之则风险越大。比如与人为善，道德的风险较小；与人为恶，道德的风险巨大。因为善比恶社会价值更大。一个人有道德比没道德所面临的风险会更小。

人脱离于纯粹的动物，除了直立行走和语言文字等高层次的价值之外，最重要的是人有羞耻之心和怜悯之意，这也是道德价值的分水岭。然而，随着成长和环境的影响，个人的道德价值亦在改变，表现为提升、递进或是落后、退化，这是道德价值的风险动态变化，即是道德风险因素。

是哪些动态变化的情形和事项给主体带来影响和制约？需要从道德自身的价值和持有某种道德的价值两方面来考察。道德自身价值的风险因素：一是道德的普遍性。代表群众的道德价值更广，更加为国民所接受。二是道德的共有性。道德是大众共有的精神财富，当然不排除少部分人自私的非正义的道德价值。服务于少部分人利益的道德价值，并不是大众共享的道德，其风险必定是较大的，如果道德价值能为大众共享，那么其风险较小。三是道德价值。道德价值是道德本身蕴含和释放的增添彼此和谐共荣的内心利益需求，即是正面的道德价值。亦有反面的道德价值，即是少部分人利益需求的内心准则。比如前者表现为忠诚，是人固有的利益需求，是人心所向；后者表现为虚伪，是人私欲的利益需求，是小人惯用的伎俩。可见，道德本身积聚的价值越大，其风险越小。

影响道德价值的风险因素如下：

人内心的利益需求。内心利益需求即是人的目标和愿景。人固有的欲望，对某种特定利益的需求，影响和决定了他追求或拥有某种价值程度的道德种类和层次，内心的利益需求越高，其拥有的道德层次越高，反之则越低。比如，对刘邦与项羽在楚汉争霸中各自内心的利益需求进行比较，刘邦想建立统一的新的王朝，项羽则只想回到瓜分天下的松散国家状态，由此导致道德层次的巨大差异，即刘邦以德取天下，项羽以暴推翻大秦帝国后就止步不前，最终项羽含恨垓下。

人所处的环境。环境对个人的道德修养和道德价值取向起到潜移默化的影响作用。其中自然环境的好坏激发个人对自然敬畏的道德责任程度，人文环境的优劣很大程度上刺激和影响着个人的道德价值取向，人文环境比自然环境造成的道德风险更加直接和紧迫。近朱者赤，近墨者黑，即是环境影响个人持有某种道德观念的表现。

教化程度。教化程度越高，知识的结构和程度就越完善。知识的无限性决定了人认识的有限性。个人认识世界、自然和人生总是片面的残缺的，弥补的途径唯有通过提高和完善其知识的结构和层次。知识的结构越全面，对道德涉及社会价值的结构就越全面；知识的层次越深，对道德涉及社会价值的层次就越深。

行动的需求。思想决定行动。人为了行动的有效性，从而选择某种道德，反作用于内心的利益需求，并以此强化行动的合法性，最终通过行动实现目标利益。因行动的需要，人往往改变或放弃事先的道德操守，或是减少，或是增加，或是另寻某种道德。就从行动的时段来看，有可能在事前、事中、事后各阶段中选择不同的道德价值。道德的隐性难以评价行动的显性，也就是说，个人的行动一时是很难用道德价值来评价和衡量的。但是长久的行动，即是持续的行动需求，又能显露出个人内心的道德价值。比如曾国藩组建湘军时，其道德价值是为了个人建功立业；到与太平天国长久对峙，最终夺取天京并自行裁减湘军时，其道德价值则是为了功成身退。

如何看待道德风险？当你身陷道德风险的囚室时，怎样卸下道德风险的枷锁？

理性的道德观。事实上，道德是感性的。任何一种内心准则，很难明明白白地分出是非黑白，唯有个人秉持理性的思维去观察各种道德价值，才能保持客观公正的态度，真正做到摒除庸俗的道德糟粕，汲取崇高的道德精华。“文化大革命”这场大动乱在思想上造成了极大的混乱和严重的后果，形而上学猖獗、唯心主义横行，[①] 可以说在一定程度上存在非理性道德观的问题。

内心的纯洁。世事复杂多变，均因利益之争。正因为争夺和占有利益份额，每个人坚守和选择的道德种类和价值各不相同。有些人在人生旅途的各时段其道德也可能随欲而变，随利而流。此

① 何沁主编，《中国革命史》，武汉：武汉大学出版社 1990 年版，第 492 页。

时，最重要的是确保内心的纯洁，让自身已有或追寻的道德，像莲花出淤泥而不染，濯清涟而不妖。

为人民服务。历史的车轮转到二十一世纪，在岁月的长河里涌现出数不胜数的英雄伟人，也暗藏着不计其数的跳梁小丑。毛泽东主席说，为人民服务。此即是衡量和评价道德的基本要求，也是实现道德价值的最高标准。为人民服务，其本质是维护广大人民利益的道德准则，就是任何时候需要把人民利益放在道德的第一位，力争将实现好、维护好、发展好最广大人民根本利益作为个人生活和工作的出发点和落脚点，表现为互相关心，互相爱护，互相帮助。曹操说，宁教我负天下人，休教天下人负我。这种道德价值是以个人利益为中心的，是不可取的。

运用道德的载体和途径。道德是一种社会意识形态，是人内心的准则，它的出发点和归宿点是人净化内心操守的需求，其目标和效果是扬善抑恶，求大同存小异，其功能有评价作用、教育作用和指引作用。也就是说，运用道德的载体主要是个人的思想和修养，其途径是自身醒悟、自我净化和自我提升，主要适用于个人管理自身的精神世界，也少部分适用于低层次的社会管理，但是不宜大范围适用于高层次的社会管理。由此看，道德不宜替代制度和法律等有形的社会管理规范来管理社会和国家。因为道德是通过内在的约束来完善个人的心境和自我行为，而制度和法律是通过外在的制约来平衡个人、组织、社会和国家等各种关系。如果将道德混同于制度和法律，那么极易陷入道不同不相为谋的窘境，大大增加管理社会和国家的风险。

孟子说，得道多助，失道寡助。历史提醒每个人：做一个有道德的人才能享受社会给予的更多的阳光和雨露。

第二节　制度风险

从“把权力关进制度的笼子里”的著名论断中，可以看到，制度与权力之间既有内在的联系，也有区别。

制度范围内是否包括权力，或者说是权力是否游离于制度之外？不争的事实是，权力来自制度的规定，或者是制度的授予。这好比制度是源泉，而权力是河流。制度是主体在管理过程中对管理事项做出的总体规定，它侧重于宏观上的管理，或者是对每一事项程序的具体规定。制度最重要的功能和价值，就是让主体有章可循，或者说提供在管理活动中应当普遍遵循的规则。由此看，制度也是规则的抽象化，它是将某类规则进行科学的合理的系统的规定，并指引、规范主体、管理对象以及管理活动本身，让它们遵循已经确定的规章。事实上，制度的制定和执行都会给主体、管理对象以及管理活动造成或大或小的风险。也就是说，虽然制度的设定进行了多方位多角度的考察认证，但是在执行过程中，因人的认识的差异，或是受到外界因素的影响，特别是管理对象与管理行为的制约和排斥，都会给制度范围之内，也有可能给制度范围之外，带来或大或小的制约，由此给制度带来风险。

制度与风险之间的关系如何？

制度的好坏。制度的好坏主要体现在该制度的执行是否具有普遍性和有效性。任何一项制度，在规划、立项、制定和执行中，都应该以管理活动的主要价值为评判标准。也就是说，制度应当维护大多数人的利益，或者说保护管理活动的主要价值目标。只有高质量的制度，才能降低因为制度的质量或制度的差异给民众带来的风险。高质量的制度，应该拥有科学合理的辩证思想，又应将民众所处的环境一一综合考虑进去，比如人的差异、管理活动的属性，以及面临的不特定的对象，等等。将每项风险因素纳入制度的制定体系中，由此对各个风险因素有一个客观的评价，这样形成的制度，就代表着一种新生的力量。低质量的制度是在制定过程中，或由于个人意志的随意性，或由于外界环境等客观因素的制约，或由于违背自然发展的客观规律，或由于强制改变人的价值需求，或由于不符合正常的管理秩序而形成的。这样制定出来的制度，经不起风吹雨打，经不起严寒酷暑，经不起民众对制度的评价，这种制度必然带来巨大的风险。

制度的完善程度与风险紧密相连。制度的完善程度主要体现在该制度达到的总体要求上。在设定制度时，是否综合考虑制度的风险，这与制度的好坏形成了交叉和联系关系。也就是说，制度的完善程度越高，制度就越好；其完善程度越低，制度也就越差。这也就要求在制定制度的过程中，需要将每项制度本身的内在规定和外在的环境因素，综合考察、分析和取舍。比如说，政党组织章程的完善程度，就应当将政党本身的相近性考虑进去，章程的价值目标、它（章程）的范围、它为民族为国家的贡献力量等，都是完善章程需考虑到的因素。这样完善的制度章程，才能被普遍地有效地执行，才能够产生社会价值，才能够让民众认可和接受。制度是否引发风险，主要看这种制度是维护多数人的利益还是维护少数人的利益。如果是维护多数人利益的制度，它的风险将比较小；如果是为了维护小部分人的利益，那么其风险很大。中国共产党成立初期，就明确设置了党的最终目标和最低目标，考虑的是广大人民群众的基本利益。其制度不但对准封建主义、官僚资本主义和帝国主义，还制约共产党内部人员的权力。正因为这个制度考虑了各个方面的风险因素，说明它的完善程度就更好，其价值理念更接近人民群众的心理需求，使其最大限度地从狭小的范围拓展到广大的区域范围，最终领导中国人民获得解放与胜利。提高制度的完善程度，还要在制定制度过程中，考虑问题的多样性，将各种矛盾纳入其中，将各种不同的思想和各种行动的差异，纳入制度的制定或者执行当中，而不应以单一的狭隘的片面的思想观念来影响和制约制度。

制度的执行力强弱与风险的大小紧密相关。制度的设计一般是符合主体的价值目标需求的，只是在执行和遵守制度的范围和强度方面存在差异。任何一项制度的设定，既有它符合历史发展的客观需求，也有它阻碍社会发展的现实境况。设定制度的最终目标在于执行，如果是强有力的持久的执行，那么其引发矛盾的风险系数较小；如果是软弱的片面的短暂的执行，那么其带来的风险较大。

设计、制定和执行制度时，需要注意以下影响制度的风险因素。

制度的狭义性。从主体的参与度来说，狭义的制度是以少部分人的利益为出发点和终结点，是为部分个体或小团体服务的。一项好的制度应该有广大国民的支持，是为达到共同的目标，维护共同的利益，形成共同的行为准则而设定的。此外，制度的狭义性也体现在制度执行中，是对制度的宗旨、精神和要求没有一个合理的系统的认识，或是机械式认识制度，或是画瓢式执行制度。《周易》云：穷则变，变则通，通则久。对此，难免让人提出疑问，变通是否属于制度的狭义性？在制定制度过程中，或者在执行制度过程中，应当以看得见的形式去实现制度的真实面貌。既不能过软也不能过硬地执行制度，更不能以一种不断变通的形式去执行制度，或者为了个人的利益需求去断章取义地执行制度。从国家层面来说，应当从国家大局、民族利益的角度来执行制度。从企业来说，一项制度就应该以维护企业全体员工的整体利益，以实现企业的最终目标去设计和执行。

制度的片面性。片面性表现在制度的制定和执行等方面。片面性即不完整，忽视了制度应当考虑的各个因素，比如人的价值需求、自然环境的影响、利益冲突的个人需求，等等。这提示主体在制定制度或者执行制度的过程中，应当用一种全面发展的眼光去认识和考虑制度。

制度的软弱性。制度的软弱性表现为在制定制度过程中，主体没有考虑应当考虑的事情，或许因为受到对立方面所给的压力而不敢考虑，或许是受到第三方的约束而回避说明；也体现在主体在执行制度过程中行为表现的软弱和脆弱。当一项制度制定出来后，不管是个人，还是政党等组织，都应当不遗余力地去遵守和执行，并且加大执行力度，高效有序地执行，最终实现管理的总体目标。当个人错误认识制度，或者反抗制度，或者受到外界因素影响又不去积极排除不利因素，将制度束之高阁的时候，都会导致制度的软弱性。光绪皇帝在康有为、梁启超、谭嗣同等维新派的倡议和支持下进行戊戌变法，欲从制度上改变积贫积弱的大清朝。从变法开始，到光绪皇帝被软禁，前后 103 天，其间光绪皇帝下达了 100 多份维新变法的诏、规章等。当这些制度到了各部门和地方时，并没有被主管者和地方大臣很好地执行，他们或是变通执行，或是当耳边风。这说明光绪皇帝和其幕僚制定的制度不堪一击。维新制度的软弱性，带来了巨大的制度风险，一是光绪皇帝被慈禧太后软禁，从此落入人生的低谷；二是谭嗣同等变法先锋被保守势力屠杀；三是清王朝失去了内部变革的一次机遇。

制度的时效性。它是管理过程中执行制度持续的时间。制定制度后，是有序的长期执行，还是无序的短暂执行，体现了制度的稳定性。如果制度朝令夕改，没有长期性，来也匆匆，去也匆匆；或是制度制定后没有落实，就算落实也是忽冷忽热、虎头蛇尾，那么就不能体现制度的科学合理，也就不能体现制度是维护大多数人的利益，更不能体现制度的总体目标是符合社会发展需求的。自党的十八大以来，在习近平总书记领导下，我们高举反腐旗帜，出台“八项规定”等重大制度，大力开展“打虎”“拍蝇”“猎狐”等反腐败斗争。2017 年 10 月召开的中国共产党第十九次全国代表大会指出：“只有以反腐败永远在路上的坚韧和执着，深化标本兼治，保证干部清正、政府清廉、政治清明，才能跳出历史周期率，确保党和国家长治久安。”由此看，为巩固反腐败压倒性态势，夺取反腐败压倒性胜利，广大公职人员，特别是领导干部，必须持之以恒地执行和落实反腐败制度，让这项好的制度深入人心，营造出全国上下风清气正的社会风气。

如何对待制度风险，让制度成为民众良好的行动指南呢?

制度的宏观和微观的统一。制度既要考虑宏观方面的总体目标，也应考虑微观方面的具体事项。一项制度的制定，只有站在宏观顶端，才能够把握全局，将各种因素包括在里面。你站得有多高，就看得有多远。在制定制度的时候，对于制度涉及的各个节点都要以看得见的形式、看得见的事项、看得见的细节和补救措施来加以规范和限制，这样的制度才能引导民众长远的行动。“千里之行，始于足下。”“足下”即是制度的微观。制度的设定既要考虑制度本身所涉及的广大领域，也就是其宏观的架构，同时又要考虑制度指向的微观的具体层面。中国共产党成立初期制定的任务，即是宏观与微观的有机统一。宏观即实现共产主义，推翻三座大山。微观即创办工会和讲习所，积极吸纳无产阶级和工人加入共产党队伍的行列，形成一股强大的革命力量。

制度的广度与深度的统一。制度的广度是制度涉及的面有多广。既要考虑管理者的因素，也要考虑管理对象的因素，还要考虑管理活动本身的属性。对制度涉及的各个方面，进行认真分析，不能顾此失彼。事项不管是大是小，都要把它融入制度的体系当中。制度的深度是制度涉及事项的本质和内涵，是由面到点，由现象到本质，从感性到理性的深层次分析。分析制度的深度，能给你带来对制度本身的把握与掌控，在执行中就能够进一步接近制度设定的最终效果。

制度的全局与局部的统一。在制度的制定和执行中都要树立和考虑制度涵盖的全局总量，包括人的自然属性和社会属性，包括事物的属性和发展规律，包括制度本身的价值，等等。比如反腐败制度的制定，应当放在社会的总体管理中去考察、分析、评判和实施，包括国家制度、权力的行使和制约、国民经济发展状况、分配和消费制度、公职人员的管理制度，等等。也就是说，将反腐败制度放在社会各个领域中进行评判，而不是只考察某方面。在制定公职人员年薪时需要考虑公职人员的生存状况，还要考虑国家的经济发展情况，国家有没有经济能力来承担公务人员的必要支出。制度的局部是在制定制度时认真考虑和关注制度指向对象的具体细节，表现为制度的局部量化。比如向贿赂对象行贿财和物。“财”在封建社会指黄金白银、铜钱、银票等有形物，现在的“财”不仅包括黄金白银，还包括人民币、美元、欧元等货币，还扩大到财产性利益，如股票、基金、保险、消费卡等。这就体现了制度的局部性，对制度局部需要细化，让制度具有可操作性。只有制度的全局总量和局部量化达成有机的统一，才能形成一个完整的制度整体。

制度的合理性与合法性的统一。制度的合理性是制度的形成、制定和实施，既要符合社会发展规律，也要符合人的价值需求，还要符合制度对象的客观规律。制度的合法性是制度的形成、制定和实施，需要以宪法为原则，遵守各项法律法规，杜绝在宪法和法律之外任意设定制度，否则，即是恶制度。

制度的效率和效果的统一。实现制度的效率，最重要的是执行力的效率。再好的制度，没有切实执行，都是糊墙的纸，毫无价值与效果可言。因为人本能地保护自己，想最大限度地获取权力和利益，最大限度地减少义务和损失，由此对制度产生本能的反抗，这就在无形中削弱了制度的效率，让制度的执行力降低。如此，造成上有政策、下有对策，或是打折执行，或是变通执行等消极现象。打折和变通执行损害了制度应有的价值目标，最终使制度不了了之。因此，有必要建立权威高效的制度执行机制，强化对制度执行的监督，严防发生做选择、搞变通、打折扣等不良现象。

好制度需要实现宏观与微观、广度与深度、全局与局部、合理性与合法性、效率与效果的有机统一。对于国家制定的各项制度，各部门各组织和广大民众应当不遗余力地去遵守和执行，而不能打折和变通执行，更不能事不关己，高高挂起。同时，制度一旦设定，就不要朝令夕改，唯有持久平稳地执行，才能建设一个有序文明的国家。

第三节　权力风险

2013 年 1 月 22 日，习近平总书记在十八届中央纪委二次全会上强调“把权力关进制度的笼子里”。权力具有巨大的风险，需要“笼子”来囚禁和约束它。权力是主体参与管理社会的支配力量。权力既能展示主体的智慧和能力，也能满足主体的权力欲望和虚荣心，同时它也给主体带来诸多不可预测的巨大的风险因素。

权力与风险的关系。首先，权力与风险共生。拥有权力和面临风险，就像孪生姊妹一样，总是形影不离。其次，占有权力欲望的程度与风险成正比关系。欲望越大，权力的风险越大；欲望越小，权力风险越小。再则，权力的价值目标决定了风险程度的强弱。权力的价值目标层次从低到高依次是个人、小团体、大团体、政党、民族、国家，最后是全人类。层次越低，风险越大；层次越高，风险越小。

权力风险的种类。它包括懈怠权力、滥用权力、任意支配权力和权力膨胀。懈怠权力是忽视、轻视权力，表现为有权不用，在其位不谋其政。显著的事例如明朝熹宗朱由校，手操斧斫，营造栋宇，疏于朝政，懈怠荒废国家权力。这类事例在权力至上的旧中国是少之又少，是极权政治的一个笑料。滥用权力是不为而为或为而不为。任意支配权力是随意地任意地操纵和分配权力，即乱作为。权力膨胀是主体不断突破原先权力的范围，想攫取更大的权力，满足个人的高度集权的权力欲望。主体拥有的权力应与他的智慧、能力和公信度成正比，当它们之间的关系失衡或破坏时，权力的膨胀会引发巨大的风险，或是主体自身的心理和生理受到伤害，或是破坏和谐的政治格局，或是为所欲为、利欲熏心，走上犯罪的道路。

权力风险的因素源于以下环境：

权力来源混乱。权力来源混乱是主体拥有的权力是不合法的。任何权力都应该通过授权、任免、聘请等各种有效形式，来依法确认。只有权出有名，权力经过合法的形式认可，它才不会给主体带来巨大的风险。如果你的权力来源是不合法的，是混乱的，是通过不正当的途径得到的，诸如通过贿赂、恐吓和暴力等非法手段获取，那么你将置身在权力的烈火上，随时有被烧伤甚至葬身火海的危险。比如袁世凯取得民国大总统权力后，利用权力恢复帝制，这种做法与时代潮流相对抗，没有经过民主选举，是不合法的。因此袁最终在全国人民的唾骂声中郁郁而终。

权力利益化。从权力的社会属性来说，权力是服务，而不是资源。权力利益化是主体将权力当作一种商品进行交换，通过权力，获取个人的最大利益。事实上，权力是组织、政党、政府、国家对某一事项的决策和控制能力。首先它应为授权者服务，其次应为管理对象服务。如果你将权力视为商品进行交易，从中谋取个人利益，那么，权力带来的风险是巨大的。比如说清朝乾隆皇帝时期，和珅通过手中的权力，插手人事、茶道、盐道和河防等各个领域，谋取巨额私利。嘉庆皇帝继位后，抓捕和珅。和珅将权力利益化，谋取巨额私利，这是导致他最终家破人亡，身败名裂的原因之一。

权力私有化。权力私有化是主体认为权力是个人的私有财产，一旦将权力视为自己的私有财产，那么他就突破了制度的约束和法律的规定，将制度对权力的约束和法律对权力的规定，忘得一干二净。如果你一旦滋生了权力的私有欲，那么你离滥用权力或者是权力膨胀就不远了。

权力神话。权力神话是主体将自身拥有的权力神圣化和合法化。引发权力神话的原因，首先是拥有权力的途径不合法；其次是行使权力面临现实的紧迫的威胁或侵害；再次是主体的智慧、能力与权力不相匹配。主体造就权力神话的最终目标是维护和巩固自身权力的地位。从秦始皇嬴政称帝到1912年末代皇帝溥仪退位期间，中国四百多位皇帝，均以天子自称，神化天授皇权，即是权力神话的愚民舆论。武则天为自立为帝，广造舆论，鼓吹自己是弥勒佛化身下凡，通过权力神话，建立武周王朝。

权力是一把双刃剑，于人既能带来胜利，也能带来苦难；于己既能带来辉煌，也能带来自我毁灭。有人说，慎权。慎权未尝不好，它能使权力者敬畏权力，谨慎用好权力，但它也一定程度上限制了权力者的主观能动性，遏制了权力者的积极性和主动性。同时，慎权也容易引发权力者胆小怕事、墨守成规和明哲保身的权力风险。

当权力风险来临时，如何对待和处置，需要注意以下事项。

权力为国家为民族服务。权力来源于国家和人民的授权。既然是国家和人民的授权，主体就应该更好地从国家和民族利益的角度去考虑问题，在行使权力时就应该抛弃个人的私欲和成见，抛弃个人的阴暗面，考虑国家和民族的整体利益，真正实现权为民所用、权为国所使。不管手中的权力是大是小；不管身任何职，都应当站在国家和民族的立场和利益去考虑问题。有极少数德不配位的权力者没有维护和保护国家和民族的利益，他们认为手中的权力是领导给予的，只忠诚于领导，他们做到的是小忠诚，忽视了大忠诚，即没有真正忠诚于国家，忠诚于民族，忠诚于人民。他们只考虑个人的私利，将权力进行利益化，将权力私有化。有的人甚至为了谋取个人的不当利益而出卖国家权力。比如说汪精卫权力欲望膨胀，滥用国家权力，成了日本在中国的代理人和傀儡，出卖民族利益，最终被中国人民唾弃。

权力受到监督。权力为何需要受到监督和制约？因为权力不受监督，就会滥用。它只有受到监督，才能限制主体在合理的区间范围内支配和行使权力。当权力不受监督，不受到国家监督，不受到社会监督，不受到民众监督，不受到舆论监督时，权力就像一条毒蛇，将造成巨大危害。前面探讨了监督风险，把权力关进制度的笼子，就是需要依法设定权力，规范权力、制约权力、监督权力。权力运行中，倡导权责法定，健全分事行权、分岗设权、分级授权、定期轮岗制度，明晰权力界限，规范权力运行流程，强化权力制约。实现权责统一，盯紧权力运行节点，完善发现问题，纠正偏差，裁剪修复有效机制，限制和压减权力设租寻租空间。只有把权力放在阳光下消毒杀菌，权力才能够发挥最大的社会价值。

集权与分权。对于权力风险中的集权和分权，简言之，集权是权力的高度凝聚和统一，意在思想的高度统一，达到决策、组织、指挥和行动的统一、及时和有效。分权是权力的再次分配，意在思想的多样化，以求集众家之长，起到相互制约、相互监督的作用。集权的前期是分权，没有分权，必然导致权力集中，没有分权的集权必然陷入疯狂和残暴；分权的目标是集权，没有适度的集权，权力像是一盘散沙，极易出现战国时期齐、楚、燕、韩、赵、魏、秦七国争雄的纷乱局面。

权力朴素观。对权力，应以理性、依法、平等和公正的价值理念来获取和行使。权力公正是权力为正义服务，它保护的是合法权益，打击和惩治的是违背道德的、违法的权益。权力平等是拥有权力和行使权力的过程维持在平等的状态。公民应当以正当合法的途径拥有权力，让权力与自身的智慧、能力和公信度相匹配。权力理性是权力者合理对待权力，不应过多地介入个人的情感和意志，始终以平和、客观的心态行使权力。如果你突破社会道德，抛弃社会价值观，违背事物发展的自由规律，那么行使权力将面临巨大的风险，给国家和民族带来灾难性的后果。比如，斯大林实行个人崇拜，一定程度上以个人意志代替国家权力，造成很大的负面影响。可见，权力不是为自己所有，而是为大众所有、为大众服务的。

事实上，人生来是平等的。每个人天生就应该具有平等的权利。只因个人成长的差异化和社会的不同分工，使每个人享有的权利不平等。但是，拥有权利既是一项权力，更是一项义务，只有紧紧围绕权力为国家为人民服务的总体目标，权力的风险才会降低，这样拥有和行使权力，才会善始善终。

第四节　法律风险

每个人从出生到成年到死亡，其每个行为无不涉及法律关系，无不受到法律的约束。法律既赋予了公民权利，也给予了公民义务。公民不行使法律权利可能带来法律风险，不履行法律义务必然面临法律风险。大到企业、社团、政党、国家和国际组织，都面临着各种法律风险。特别是经济全球化的今天，在某种程度上来说，企业的所有风险归根结底都是法律风险。

法律是由国家制定或认可并依靠国家强制力保证实施的，反映由特定社会物质生活条件所决定的统治阶级意志，规定权利和义务，以确定、保护和发展对统治阶级有利的社会关系和社会秩序为目的的行为规范体系。[①]法律在制定或执行过程中，因为人对法律认识的差异性，因为人对法律事项认识的差异性，包括特定的对象和特定的行为，从而产生约束、服从、抵制或削弱法律约束的行为，由此引发法律风险。法律与风险之间的关系表现在法律的来源、内容、效力、要素和解释等五方面。

法律来源。法律是谁制定的，它的产生是以什么样的形式出现在公民面前？法律是以国家名义公开发布的法定制度，它非来源于个人意志，亦非由个人意志所左右，而是代表着大多数公民的意志。几千年的封建王朝都是皇帝拥有特权，甚至代表法律，即朕就是国家，朕就是法律。他们将个人意志强加在法律之上，均视法律为个人的思想和财物。事实上，当法律代表个人意志，或者代表某个小团体利益时，这类法律就不是广大公民的集体意志，他们只不过代表少部分人的意志、思想和利益罢了。如果是代表个人利益，那么这类法律引发的风险最直接的表现就是受到广大公

---

① 本书编写组，《法理学》，北京：人民出版社、高等教育出版社 2010 年版，第 38 页。

民的排斥和抵抗，或是受到其他政党和组织的排斥和抵抗。如果法律代表广大公民的意志，将农民、工人、知识分子、军人、企业家等各阶层的思想和意志容纳进来，那么此类法律具有广泛性，也更能说明来源的合理性和合法性，由此带来的法律风险必然比较少。

法律内容。法律内容是指法律的权利和义务。法律权利是法律所允许的权利人为了满足自己的利益而采取的、由其他人的法律义务所保证的法律手段。法律义务是保障法律所规定的义务人应该按照权利人要求从事一定行为或不行为以满足权利人利益的法律手段。[①]通俗来讲，法律权利是法律赋予主体享有的行为自由。比如《中华人民共和国宪法》赋予公民言论、出版、结社、游行和示威的自由权利，这些权利恰好是人最基本的权利。法律的主要作用是维护社会正常运转，它更多是以法律形式保护主体的权利。法律义务是法律要求主体承担的社会责任，包括禁止或限制性的行为。比如《中华人民共和国宪法》规定公民在行使自由和权利的时候，不得干涉他人自由或损害国家的、社会的、集体的利益和其他公民的合法权利。任何组织或者个人都不得有超越宪法和法律的特权。当你在维护个人利益的同时，如果损害了国家和民族利益，损害了社会和集体利益，损害了他人合法的利益，那么你行使权利的行为也必然受到法律的惩处。正如卢梭说，人是生而自由的，但却无往不在枷锁之中。当然，法律的主要目的是

① 本书编写组，《法理学》，北京：人民出版社、高等教育出版社2010年版，第126页。

保护主体的权利，法律规定主体履行义务是为了更好地维护主体的权利。法律最重要的是维护大多数公民的利益。如果法律只保护小部分人或小团体利益，那么它的内容就是残缺的。残缺的法律必然带来较高风险。

法律效力。法律效力是法律对人、事和行为的约束力。法律对人的效力主体是法律适用的人员对象。比如《中华人民共和国宪法》适用的对象是中华人民共和国全体公民。宪法规定，凡具有中华人民共和国国籍的人都是中华人民共和国公民。任何公民享有宪法和法律规定的权利，同时必须履行宪法和法律规定的义务。《中华人民共和国刑法》规定，凡在中华人民共和国领域内犯罪的，除法律有特别规定的以外，无论是中国公民，还是外国公民，都适用于我国刑法并追究其刑事责任。法律对事和行为的效力表现为法律的效力涉及具体某类事情和某类行为，也就是说社会生活的各个方面基本上都受到法律的约束力。法律的效力在时间上，体现为法律在什么时间上有效，在什么时间又是无效的。事实上，法律对人、事和行为的效力，又因法律的时间效力不同，从而产生不同的结果。比如投机倒把罪，中华人民共和国成立之初，非法经营的行为属于投机倒把。但是随着改革开放市场经济的繁荣，商品交换的不断扩大，此种罪行被否定，不再是投机倒把罪，而是以非法经营罪来定罪处罚。

法律解释。法律解释是对法律宗旨、精神和术语、概念给予客观全面的综合判断。法律处置当前或过去社会矛盾，以国家形式制定，给予公民相应的权利和义务。事实上，世间万物都在不停地变化，随着自然环境的不断改变，随着科学技术的突飞猛进，随着个人思想境界的不断提升，法律所面临的问题也将层出不穷。原法律对新的变化难以作出合理准确的判断，此时法律解释便是一种最重要的补救和完善手段。法律解释有文本解释、主体解释、语义解释等种类。你在解释法律时，应当以法律的主要精神为根本，应当以国家在制定法律时考虑解决的主体问题为根本。同时，你应当以法律的公平和正义精神考察涉及对象的合法权益，既不能扩大义务，也不能缩小权利。司法过程中面临疑虑和争议时，如何用法律解决现实的问题和困难？答案是以立法的主旨精神来解释，而不能为个人利益换取法律解释，当法律解释给小部分人利用时，它损害的就是其他人更大的合法权利，同时也扰乱了国家秩序，损害了国家利益。

法律要素。法律要素是指构成法律的基本元素，是涉及法律概念、法律原则和法律规则的基本因素。法律概念是解决法律对人、事和行为的具体规定。法律原则是指可以作为法律规则的基础或本源的综合性、稳定性原理和准则[①]，是整个法律活动的总体要求。法律规则是规定法律权利、法律义务以及法律后果的准则，或是对具体事实状态赋予法律意义上的指示和规定，一般包括假定、行为模式和法律后果三部分，是对每一具体行为的规定行为。比如

① 本书编写组，《法理学》，北京：人民出版社、高等教育出版社2010年版，第43页。

刑法规定的行为模式与处刑，就是一种行为规则。对法律要素，需要有一个明确的肯定的概念，而不能以一种模糊的狭义的形式规定。只有明确的而非模糊的要素概念，才能让公民有章可循，才能够在法律解释过程中避免不必要的分歧。

法律风险的因素有哪些?

恶法。什么是恶法?恶法是对大多数人极其不利的法律，其本质是更多地限制主体权利，更多赋予主体义务。“不许百姓点灯，只许州官放火”，即是恶法的真实表现。在立法或执法过程中，如果狭义偏激或以夺取广大国民利益来维护统治阶级少部分人利益，此法即是恶法。恶法带来的是社会秩序的混乱和社会利益的不均分配，它不能解决法律的争端，不能解决社会的矛盾，反而增加社会的矛盾。比如清末预备立宪，颁布《钦定宪法大纲》，其本质是皇帝专权，国民无权，以维护封建主义为根本目的，加剧了中央与地方、满汉之间、阶级之间的矛盾，进一步引起了社会的极大混乱。

法律的片面性。法律的片面性体现在法律精神、法律原则和法律技术的片面化和碎片化。当片面立法时，那么维护的是少部分人的利益，而忽视了广大国民的利益。在执法和司法过程中，表现为片面或机械式执法，而没有将法律的主体精神运用在执法和司法过程中。法律的片面性还表现为拥有法律处置权的人因为其个人认识的偏差，违背法律精神，为达到个人的利益需求，片面地执行法律。

法律的残酷性。法律的残酷性表现为主体在制定或执行法律时采取极其野蛮的强制手段。法律是严肃的，没有严肃性的法律将可有可无，甚至是别人手中的玩物，这也就要求法律神圣不可侵犯。但是，当法律代表残酷和野蛮，并作为统治阶级高压处置社会矛盾的必要手段时，也必然会受到公民的反抗和抛弃。比如朱元璋实行的反腐的残酷法律：官吏贪赃达到钞六十两以上的枭首示众，剥皮填草，悬挂在衙门外，以示警示。[①]然而，反腐法的残酷性一方面对腐败问题治标不治本，难以持久；一方面被用来作为政治斗争的工具，因此并不能真正制止腐败。明朝的最终灭亡也是因为腐败堕落所致。

法律的虚无主义。法律是刚性的，公民不能以虚无主义来对待法律，执法机关不能以法律虚无主义来执法。法律的虚无主义是对法律采取无所谓的态度，采取一种冷淡藐视的态度。法律的虚无主义表现为将法律视为工具，视为玩具，是利用法律达到不可告人的政治目的或其他目的。法律的虚无主义更多出现在领导阶层，许多手握重权的当权者将法律视为可有可无，甚至践踏法律；也有的当权者以法律为幌子，行个人意志之目的，表现为台上或当面信誓旦旦法律至上，台下或身后以个人私欲和意志代替法律，为所欲为。当当权者视法律为可有可无时，法律就犹如天空中的彩云，没有实际的价值。上梁不正下梁歪，广大民众也就

① 吴晗著，《朱元璋传》，西安：陕西师范大学出版社 2008 年版，第 209 页。

不可能去认真地遵守法律，形成上上下下、里里外外“信权不信法”的畸形的人治怪圈。

法盲。法盲是主体对法律的认识出现障碍或盲区，对法律不懂或一知半解，或者根本不知道法律的存在。造成法盲的原因，一是社会法治化意识淡薄或空白；二是法律本身的隐晦深奥，非通俗化；三是主体要么对法律失去信心，要么漠视法律。不管是何种原因，对法律采取虚无主义的态度，必然带来巨大的法律风险。极少数当权者大肆贪污贿赂，案发后深深忏悔，都说自己不懂法。这是多么可怕的事情！此外，中国有八九亿农民在农村，农村是中国最大的政权组织，只有用法律规范和管理基层，基层才能稳定、有序和繁荣，国家才能长治久安。需要引起关注的是，多年来政府屡次普法，取得了部分显著效果。但是，笔者经过实地考察和走访，发现当前广大农村的老百姓中存在不少法盲，就算是多年外出务工的稍有见识的农民工，对法律也是要么一知半解，要么茫然无知。他们在抛弃原先宗族价值理念的情况下，面临和处理社会和宗族矛盾时，连什么样的行为该做不该做，什么样的行为是不是犯罪，都既不懂也分不清楚，他们一心想的是，只要能赚钱，那就什么都可以去做，什么都敢去做，对法律缺乏敬畏之心。

国际条约。国际条约是对国家有实质意义的法律。它确定的是国家与其他国家之间的权利和义务，规范和调整各国家、地区之间的价值和利益分歧。当国际条约不能为国家带来利益，甚至损害国家利益时，它给国家带来的风险是极其巨大的，同时也给国内的公民和组织带来巨大的风险。当国际条约违背了全国公民的整体利益时，对国家而言，最大风险就是土地的分割；对公民或组织来说，就是履行更多的法律义务，承担更多的赋税。比如《南京条约》和《辛丑条约》，是清朝为了维护自身利益的需求，为了维护清政权的统治，将国家的民族的利益出卖，将土地划分给他国的耻辱条款。清朝当权者为一时的苟且偷生签订了国际条约，国际条约带来的巨大风险最终加速了清朝的瓦解和倾覆。此外，《马关条约》也让中华民族深受其害。值得探讨的是，当国际条约涉及割让土地、司法豁免等国家主权时，应该征求全国公民意见，否则此类条约是无效的，因为它代表的是个别统治阶级的愿望和意志，而不是全国公民共同的愿望和意志。

利益的分配差异、对社会管理的认识差异和法律自身的技术差异，导致法律面临各种各样的风险。如何处置法律风险？可从以下角度考虑和分析。

维护法律宗旨和精神。法律宗旨和法律精神体现为法律的自由、平等、公正和秩序，它是主体在制定或执行法律过程中，应当遵循的价值准则。如果法律抛弃或粉碎自由、平等、公正和秩序的价值理念，那么它就会造成法律的残酷性，或造成法律的片面性。事实上，法律提倡的自由、平等、公正和秩序的价值理念并不难执行，只要立法者将法律精神融入立法当中，只要司法者将法律精神运用到司法过程当中，那么此种法律必将是良法。同时，各类主体应当以法律精神来认识法律，对待法律，遵守法律，那么就会既受到法律的制约，又受到法律的保护。正义是法律的最终目标，为了实现社会的公平和正义，法律是最后一道屏障，将各方矛盾、各自不同的利益需求以法律的形式来实现社会利益分配的公平和正义。此外，制定和执行法律以维护社会正常秩序为出发点。法律并非将原有有序的社会秩序打破从而造成社会混乱和动荡，亦非将原有成熟的思想价值理念扭曲从而制造思想混乱，而应将已经发生的社会矛盾，已经产生的社会危机通过法律的介入和调整，达到有序可控的范围，营造有序的社会秩序。由此看，立法者、执法者和司法者，以及广大公民、组织、政党和国家都应当时刻谨记、遵守、运用法律宗旨和法律精神。2004 年通过的《中华人民共和国宪法修正案》第二十四条规定，宪法第三十三条增加一款："国家尊重和保障人权。"该规定正是国家制定和执行法律宗旨和法律精神的底线。《中华人民共和国宪法》第三十五条规定，宪法第三十三条增加一款："中华人民共和国公民有言论、出版、集会、结社、游行、示威的自由。"第三十七条规定："中华人民共和国公民的人身自由不受侵犯。任何公民，非经人民检察院批准或者决定或者人民法院决定，并由公安机关执行，不受逮捕。"这些规定明确要求，国家需要用法律宗旨和法律精神来规范大家的思想和行动，用来化解社会矛盾，减少或降低法律带来的风险。

良法。良法是与恶法相对应，是维护大多数人的利益，为大多数人接受或遵守的法律。简言之，良法是法律宗旨和精神的化身。法律的制定不在于严惩某人某事某行为，而应当是教育、警醒和指引某人某事某行为，以求达到共享、共治、共有的国家和社会价值。1982年《中华人民共和国宪法》第五条规定：“国家维护社会主义法制的统一和尊严。”1999年《中华人民共和国宪法修正案》第十三条规定，宪法第五条增加一款：“中华人民共和国实行依法治国，建设社会主义法治国家。”这些规定说明国家倡导和保护的是良法。只有良法，才能得到人民的认可；只有良法，才能将国家引入有序、文明的社会秩序；只有良法，才能带领国家和民族走向民主富强的阳光大道。

道德教化。以德治国还是依法治国，是两种不同的治理理念和方式。以德治国是一种内在的意志约束，是用道德约束思想、行为和事物，具有较大幅度的柔性。依法治国是用法律来规范社会行为，具有很大程度的刚性。国家的管理体系究竟是采用以德治国，还是采用依法治国？2014年10月，习近平总书记在中共十八届四中全会第二次全体会议上说：“发挥好道德的教化作用，必须以道德滋养法治精神、强化道德对法治文化的支撑作用。”中华民族孕育和凝结了伟大的华夏文明，《诗经》《礼记》《大学》《中庸》《论语》《易经》等优秀的传统文化深刻影响着今日中国的文化，影响着今日中国的思想，也影响着今日中国的行动，还指引着明日中国的文化、思想和行动。为此，在制定和实施法律过程中，需要考虑和介入大众的心理需求，适应社会发展需求的道德价值体系，用道德充实和完善法律的不足和残缺。中国传统社会是“礼法社会”，道德被法律化，法律又被道德化[①]。需要注意的是，在执法过程中，应当严格执行法律规定，而不能够以道德的价值体系来评判法律事项；应当客观公正地依法办案，而不能以“情”办案，“情”是道德的表现，也就是说，你不能够让各种情感介入到执法当中。当执法受到过多的情感左右时，那么法律就像是花瓶，这时法律往往会成为执法者或是权力者实现私欲的手段，它必将滑入片面性的淤泥中，甚至成为恶法。关于道德，笔者在前面给予了分析。

法律至上。法律至上指的是法律的执行和评判功能应当是独立的。因为法律是国家制定和认可的，凝聚全国公民的集体意志，在立法中将各种思想、各种矛盾融入法律的条文当中。但是，一旦法律制定并公布，特别是进入执法和司法程序，作为执法者或司法者，就应当独立判断，以法律为标准，而不能受到其他外界因素的影响和左右。司法机关在办案过程中，不能受到其他任何政党、组织和个人的干涉，而是应当独立调查，独立检察，独立审判。执法者或司法者不能受到外界因素的影响和干扰，诸如人情、利益交换等不良因素。当执法者或司法者受到他人干预时，法律就变成了他们的利益工具，他就会成为法律傀儡。当执法者或司法者成为法律傀儡时，就没有了独立的法律人格。没有了独立的法律人格，国家的司法活动必然是不公平的，也是不独立的，既

① 尹晋华主编，《法律的真谛》，北京：中国检察出版社2005年版，第60页。

经不起历史的考验，也经不起阳光的照射。

没有法律的社会，是一个混沌、混乱的社会。任何法律都有风险，只要法律坚守着自由、平等、公平和秩序的精神火炬，法律风险就会减少和降低。

第六章

…

国家和社会治理的风险类型及其处置

世界正处于大发展、大变革、大调整时期，和平与发展仍然是时代主题。当前，国内外各种矛盾纷繁复杂，层出不穷。国内，我们面临各种利益诉求的民生风险、社会事件风险、民族内部矛盾风险和舆论风险；国外，我们面临各种风起云涌的民族外部矛盾风险、国际风险和战争风险。国内风险催生和带动国外风险，国外风险又诱发国内风险。就国内风险而言，任何小小的看似不起眼的民生风险、社会事件风险、舆论风险和民族内部矛盾风险，都有可能影响到社会的和谐和稳定。而民族外部矛盾风险、国际风险和战争风险等国外风险，成为实现中华民族伟大复兴中国梦的阻力。面对国内外风险，无论对个体还是集合体来说，没有国内的稳定和富强，那么就很难谈得上生存与发展。本章讨论的主题是，主体如何高瞻远瞩，练就一双火眼金睛，从整体上把握国内外的主要风险，理性思考、观察和处置各种社会矛盾冲突。本章内容犹如为主体提供的一份简洁明了的风险处理路线图。

第一节　民生风险

民生是广大国民的共同意愿和需求，它最基本的表现是人的人身权利、财产权利和民主权利。广大国民的共同需求是对还是错，如何对它作一个合理的考量，这是值得政府高度重视的客体问题。作为统治者，高度重视民主问题是政权稳固的保证。

秦始皇实现了全国统一，但是秦帝国只维持了 15 年，就从辉煌走向分崩离析，其败落的根源究竟是什么？通过考察分析，其主要根源就是民生风险带来的恶果。因为秦帝国的暴政影响和限制了广大国民的生存，由此引发了极大的民愤。每个封建王朝的更替都离不开民生问题，都是因为民生问题这个巨浪将腐朽的旧王朝推翻。民生问题就像自然风险所说的海啸，将一切腐朽的力量摧毁；民生问题还如地震，将一个腐朽的旧王朝的大厦顷刻之间化为平地，然后建立新的政权大厦。所以说，民生问题是统治阶级必须高度重视的历史问题和现实客体。谁忽视了民生，谁抛弃了民生，那么广大国民就将他忽视，将他抛弃。

或许有人认为，统治阶级可以利用手中的军队和酷吏等暴力力量将民怨镇压，但是一时的镇压很难抑制国民内心的痛苦，他们内心的痛苦总是会爆发。当各种反抗的星火聚集成一股强大的集体力量时，就会把没落腐朽的暴政的统治阶级推翻。

一个组织，一个新的政党只有致力于大众的民生愿景和诉求，才能够建立起富有朝气和活力的新兴政权。正如毛泽东主席所说，星星之火可以燎原。只有广大人民群众共同的意愿形成一股强有力的浪潮，才能创造出巨大的革命力量，才能推翻腐朽懦弱的旧政权，建立起新生的政权。

人民的意愿就是民意，此民意即是民生的表现形式。任何民意，都有可能影响政治，也可能影响世界。当民意形成一股强大的思想洪流时，必会带来巨大的风险，首先是给违背民意的政权带来风险，其次会给广大国民带来现实的价值影响，包括正面的和反面的价值需求和诉求。正面利益是获取更多的权利，比如言论、出版、集会、结社等民主权利，比如私有财产神圣不可侵犯等财产权利；负面是与违反民意的政权的对抗，统治阶级为瓦解或对抗民意而采取压制和打击，彼此的排斥行为对社会现有秩序和经济带来直接破坏。同时，负面行为又会形成更大规模的更激烈的民生风险。

民生与风险之间的关系主要有：

民生范围决定了风险范围。民生范围的广度决定了风险范围的广度。如果民生涉及的面只是某项权利，如财产权利，那么它涉及的风险范围也就是国家对于公民财产权利的保护；如果民生涉及的范围既包括公民的财产权利，还包括公民的言论、出版、集会、结社和游行等民主权利，还涉及社会管理制度等，此时因涉及的范围触及国家管理的政治经济文化等各方面，由此产生的民生风险是破坏性和颠覆性的，可能会引发对政府的抵抗和反抗，革命的政治风险已迫在眉睫。需要关注的是，如果民生涉及国家利益和民族利益，那么它会给该国家和民族带来巨大的凝聚力和向心力。二十世纪抗日战争期间，中国受到日本肆意侵略，引发中国人民形成一股强大的民意，即中华民族争取解放独立，确保伟大中国的独立和完整，共同的民意形成了巨大的抗敌力量。此时政府和各个党派顺应民意，同仇敌忾，同日军作最坚决最彻底的反抗和斗争，任何逆反民意的言行，必将受到中国人民的指责；任何倒行逆施的人物，必将受到中国人民的唾骂。蒋介石因“攘外必先安内”的错误政策，消极抗日，在西安被张学良和杨虎城将军兵谏，引发震惊中外的西安事变。事实上，兵谏是军队代表广大士兵的共同民意，广大士兵的共同民意又代表了当时广大中国人民的共同民意。如此看，因民生风险引发的军事风险和政治风险是不可预测和巨大的。

民生的作用力决定风险的大小。民生的作用力即民生激发和造成的影响力，是民意本身所蕴含的社会能量。民生的作用力越大，风险也就越大。首先，表现在民生代表的价值需求上。民生代表的利益是什么，代表的利益越大，其作用力就越大，那么承担的风险就越大。民生的作用力与民生的量和质有着密切的关系，量是民生的范围，质是民生代表的价值意义，主要是价值需求。其次，表现在民生对社会的影响。民生的影响是由一种既看得见又看不见的模糊形态表现出来的。看不见的形态即无形的形态，是一股暗流涌动的力量，也就是说广大群众有怨气，怨声载道，这种看不见的民生是潜在的力量，一旦时机成熟，瞬间就能转化为看得见的民生力量。看得见的形态即有形的形态，是通过语言、文字和行动等实践活动表达民意的形态，它引发的作用力是直接而巨大的。秦朝末年，陈胜、吴广揭竿而起，抗击秦帝国的暴政，就是通过造反这种有形的形态表达民意。民生的作用力激发暴政的反作用力。民生的反作用力是统治阶级在对待和化解民生的作用力时，采取抑制、打击、剿灭等暴政手段和行为，因暴政又使民生作用力进一步增大；如果统治阶级采取尊重、疏通、引导和缓和的手段和行为时，那么这种反作用力就会减小。民意酝酿的时间和期限体现了民生的紧迫感，它酝酿的时间越长，作用力越大；瞬间发生的作用力必然是短暂的。

民生是社会风险的诱因。民生代表的利益需求可能是个人的利益也可能是集体的利益。民生往往先是个人利益，随后转变为少部分人利益，接着上升为团体利益，又转化为集团利益，再变成政党利益，通过这种由点到面，从而辐射到统治阶级管理的各个领域，最终形成一股强大的民意。如果是个人的利益，那么它只是代表个人的价值诉求，其对社会造成的风险相对较少。但是，当个人的价值诉求上升为政党和国家的民意价值需求时，那么它就形成一股排山倒海的巨大的社会力量，摧毁一切腐朽的独裁的势力和制度。

民生风险的因素有哪些，是哪些民生现象促使了风险的发生？

民生的来源。民生是以什么方式从什么途径而来，其代表的是哪个阶级？正如前面所说的民生代表的利益诉求一样，看它是个人利益还是集体利益，是部门利益还是整体利益。如果是个人利益和部门利益，它引发的风险即是个人和部分的；如果是集体利益和整体利益，那么它引发的风险即是集体和整体的。

民生的价值取向。民生代表的价值需求是什么，是政治、经济、文化、教育、医疗、军事、民族独立等系统方面的价值需求，还是个人财产、就医、上学等个体方面的价值需求？事实上，民生的价值需求，往往是由个人价值需求的不断酝酿、催化和积累，进而聚集成广大国民的共同意愿，即共同的价值需求。2010 年突尼斯小商贩自焚事件体现了民生的价值需求，它说明个体的价值需求可以并且能够引发系统的价值需求。

民生的影响力。影响力是事物对社会的制约程度。民生的影响力是民意对国家和社会造成的影响程度，巨大的影响力带来巨大的民生风险。影响力主要表现为对管理对象的影响力，当然也包括对自身的影响力，因为民生往往受到压制和打击。民生的影响力还体现在管理方特别是统治阶级受到民生风险因素的冲击和破坏程度，民生影响力越低，冲击和破坏程度越小；反之，则越大。比如因私房被拆而对抗是个人民意，个人对抗政府造成的冲击和破坏程度是微小的。如果民意代表的是共同的普遍的集体价值需求，其影响力是巨大的。突尼斯小商贩自焚事件，引发集体民意，激发了突尼斯人民长期以来对现行政权的极端不满情绪，造成了全国的骚乱和暴动，最终推翻腐朽的暴政。

愚民政策的反作用力。民意体现的是广大群众的共同心声，统治阶级应当理性文明对待，而不能采取冷漠、嘲笑的态度避而远之，更不能采取鲁莽粗暴，甚至打击、扼杀和报复的手段蹂躏和强奸民意。如果是这样，那就是愚民。统治阶级愚民政策的首要表现是让广大老百姓无知。因为无知的人没有什么诉求，也就没有什么个人的价值需求，更不会关心社会整体的价值需求。最重要的愚民政策就是暴政。不但对个人的价值诉求予以否定，而且对组织的共同意愿进行扼杀，还对其他政党的目标诉求给予否定。封建统治阶级在认识上将人民视为蝼蚁浮萍，在行动上或是采取欺骗隐瞒，甚至杀戮等暴力手段压抑人民的呼声；或是以高压政策压抑人民的合理诉求；或是用威胁、欺骗、引诱、贿赂等不正当手段分割分裂民意；或是拉拢小部分民意，让部分民意刺激、影响其他大部分民意，从而分化、瓦解和破坏集体民意。民不畏死，奈何以死惧之。这说明采取愚民手段，压抑民意的做法是不妥当的，是愚蠢的。社会治理中，让广大国民自由表达意愿，只要不涉及国家安全、民族团结和国家领土完整，只要不涉及国家重大利益，在这种情境下应当让民众各抒己见，充分发表意见，将心中的怨气和怒火倾泻出来，才能达到和而不同的总体和谐。只有通过表达，只有通过交流，才能彼此了解各自的意愿，才能化解民生风险。愚民政策的反作用力好比弹簧，过多的挤压会聚集更大的反冲力量，由此形成巨大的破坏力。破坏力越大，民生风险就越大。比如鸦片战争后，清政府进一步加剧对国民的抑制、控制和打击，完全是愚民政策。洪秀全正是利用此民生风险因素，即人民对腐败政权的不满，创立拜上帝教，最终于 1851 年 1 月在广西金田起义，旗帜鲜明地与清朝对抗。虽然 1864 年太平天国被清朝镇压，但是它所带来的灾难是巨大的。它不但给太平天国带来了生死风险，也给清朝带来了支离破碎、经济萧条、民众更加不满等负面影响，这是愚民政策的反作用力。

社会事件的介入。社会事件是民生风险的诱因。政府不要认为一个小的社会事件不会影响整体社会的发展。一个社会事件它有可能是积极的影响，也有可能是消极的影响，但可以肯定的是社会事件的发生，必然引发或多或少的民生风险，因为社会事件的发生本身就是由于民生利益的不均分配所引发和造成的。

以什么样的思维方法来看待民生风险？怎样才能够化解民生风险？要注意哪些方面？

尊重人的生存权利。人生来是自由平等的。放眼世界，各个国家的政治制度、各个国家国民的权利是不相同的，但是民主法治国家赋予了国民一项共同的基本权利，那就是人的生存权利。人最基本的权利就是生存，一个人连生存都难以保证和维持，如何叫他安心工作，如何叫他为国家为民族服务？现实摆在面前，如果你没有生存的基本权利，那么其他权利对你而言都是虚无缥缈的，都是没有价值意义的，都是空中的浮云，随风而去。当个人没有基本的生存权利时，他必将反抗社会和政府。或许一个人的反抗可能是渺小的，但是无数个个人的反抗就会形成巨大的民意，其结果必然对统治阶级、对国家产生巨大的冲击力。突尼斯小商贩自焚事件中大学生布瓦吉吉就是因为没有生存权，很难保证自身生存，又受到警察的粗暴执法，虽然他没有与政府对抗，但他的自焚行为激发广大国民对自身生存状态的不满，由此产生对政府的不满，进而对抗政府。

保障人的权利。2004 年 3 月第十届全国人民代表大会第二次会议通过宪法修正案，明确规定，国家尊重和保障人权。这是国家保障人权的进步表现。人的权利，除了基本的生存权外，还有更高层次的价值权利，包括言论、出版、集会、结社、游行示威等民主权利，包括检举、批评与控告等参与社会管理的权利。人权是人满足物质需求后高层次的价值需求，是国家对个人存在和个人价值的认可。中国两千多年的封建社会，毫无人权可言，皇帝就是天子，皇帝就是王法，就是法律；对广大老百姓来说，根本没有人权，受到统治阶级的任意奴役和剥削。今天，国家对人权保障越来越细化，越来越健全，并且继续在人权的文明路上阔步前行。

民生风险的长期性。民意是一个长期积累的过程，它从低级向高级发展，从个人向集体发展，从价值小向价值大发展，不断分化、同化和聚集。不同时期涉及不同的民意。旧社会是为了生存，二十一世纪的今天，民意是实现广泛的人身权利、财产权利和民主权利的主要表现。今天中国是人民当家作主的国家。人民当家作主在我国不是口头上的一句空话，而是以看得见的形式，保障公民享有和实现各项权利。要防止削弱、破坏甚至剥夺公民享有的合法的人身权利、财产权利和民主权利等各项权利，避免社会动荡等巨大的社会风险。

民生要素的连锁性。民生涉及诸如经济、政治、文化、军事、个人权利等各个方面，各类民生要素是相互交织在一起的，而不是相互孤立的，它有可能是此种民生影响了彼种民生，或者是两种民生结合起来形成一种新的民生，或者是各种民生达成一种新的社会共识，结合成一种新的社会价值观，这就是民生的连锁性。事实上，民生的连锁性往往是因为某个事情的发生而影响着其他更大的民意需求。民生的连锁性最重要的体现是各种民生要素的相互联系，当然各种民生要素并不存在必然的相互联系，或者是独立的，或者是片面的。但是，从社会整体来说，民生是因为人的价值需求，而人的价值需求又往往因为独立的片面的价值诉求，引发对其他民生要素的不满，也就引出其他的价值需求，此即是民生要素的连锁性。

第二节　社会事件风险

社会事件无时不在发生，人间的每时每地都在上演着五花八门、形形色色、大大小小、诉求不同、目标不同的社会事件。任何行为和事项，都有可能引发社会事件，只是因参与事件的人员和范围的不同，决定了社会事件的影响程度和范围。比如，个人之间争吵即是一个社会事件，范围只涉及个人而已。聚众斗殴是多方的暴力对抗，还因警察的介入，成为较大的社会事件。

一个社会事件本身代表的是什么，是代表个人行为还是代表集体行为，或者国家行为，这些都是界定和考察社会事件参与度和影响力的尺度。社会事件能否给社会带来影响，关键在于考察和分析它产生的社会冲击力。也就是说，看社会事件能否产生社会破坏力和引发舆论风险。社会事件发展的趋势和轨迹，或为直线型，或为曲线型，或为螺旋式，或为波浪式，等等。

社会事件会不会带来风险呢？肯定地说，它或多或少会引发社会危机，带来风险。就算这种风险不是必然的，但它也会留下必然的社会痕迹。社会事件好比人体的某个组织，当其发生病变时，虽然一时不会给个人带来生命的危险，但是会给个人带来痛苦，给个人身体留下伤疤。

社会事件与风险之间的关系如下。

社会事件的普遍性。社会生活的各个方面都有可能引发社会事件，诸如政治、经济、文化、体育、军事、外交、民族和宗教等方面，都是社会事件的发酵场所。社会生活因人认识的差异性而会导致利益冲突，进而引发社会矛盾。有矛盾必然就有斗争，有斗争就会滋生社会事件。社会事件涉及的范围或是单方面的，或者是多方面的。

社会事件的长期性。社会事件的长期性是缘于社会事件的普遍性。社会事件的长期性表现为社会事件的酝酿、产生、发展和衰退是一个长期的历程。也就是说，不管何时何地，社会事件都是会存在的。比如贫富差距引发的经济矛盾和阶级矛盾。因社会事件的长期性，必然带来社会风险的长期性和艰巨性，它提醒主体需要树立忧患意识，特别是高层管理者，应当树立以社会事件的发生和风险来修正主体决策和行动的理念。作为个人来说，虽然是社会事件的参与者，或是观望者，或是知情者，但是因社会事件的发生会修正社会的价值取向，进而改变社会的管理模式和制度，由此会影响个人的价值诉求，所以个人应当时刻关注社会事件，更多关注社会和国家大事。你只有认真关注社会事件，才能够及时指导和修正思想和行动。比如，朝鲜核试验是涉及国际军事和地区稳定的重大社会事件，我们应当以国家和民族整体的、全局的利益角度看待此类复杂的国际社会事件。

社会事件的偶然性。虽然社会事件具有普遍性和长期性，但引爆社会事件的燃点确是偶然的。事实上，社会事件的偶然性是社会事件长期性的一个突发的节点。在个体与组织、组织与组织、组织与政党、政党与国家之间的各类社会矛盾中，会因某一价值诉求的介入，瞬间引发社会事件。比如突尼斯小商贩自焚事件，即是因突尼斯长期的民生矛盾，瞬间促成游行示威、对抗政府的社会事件的发生。

社会事件的参与度。它是参与社会事件的主体范围。如果参与的面越广，那么就会形成燎原之火，产生巨大的社会动荡；如果参与的范围是狭小的，那么只是在某辖区或某范围内产生较小的影响。当前，随着信息技术的发展，小范围内的社会事件也有可能通过网络传播和舆论等各种途径，扩大到更大范围，造成更大的影响。从人数来看，参与的人数越多，风险就越大。

以上是社会事件与风险之间的关系。接下来分析激发社会事件的因素，即影响社会事件的催化剂是什么，其诱因是什么，以及表现形式是什么。

伤害个人意愿。社会事件的发生，往往是因为主体对社会的意愿得不到满足，也就是主体没有得到预期的物质需求或精神需求。人们对物质和精神的价值需求，与其智慧、能力和劳动等价值量是成正比的。从另外一个角度来看，当主体的付出没有得到相应的回报时，那么其对外界就会产生不满、抵制和抗议等不良的情绪和言行，甚至发展到激烈的抵抗斗争，由此激发更大范围的社会事件。革命是最大的社会事件，革命涉及政权范围内每个人的权利和义务，甚至影响和改变国家的基本制度。但是不管是个人还是群体，都想从社会事件中实现自身目标的价值意愿，满足自身的价值需求。

共同意志的形成。共同意志的形成即是集体意志的形成，集体意志的形成是由各个个体、各个组织聚集而成的更大范围、更大目标的共同意志，是一种整体的共同价值诉求，是一种为实现共同目标、获取共同结果而形成的共同价值理念。同道为谋，此道就是共同的目标和理想。共同理想的基础是物化的物质需求，虽然精神需求是人灵魂的殿堂，也是理想的最高层次，但是精神需求是以物质需求为基础的。当共同诉求已经形成一股强大的潮流，此时就会引发更大的社会事件。其原因在哪里？主要就是因为个人的价值需求聚集，并转化成了大众共同的价值需求，继而达成共同的价值目标，进而凝聚成共同意志。共同意志促使和确保个体在思想和行动中保持高度的一致性。1911 年，清政府为了 便于出卖主权，想将铁路收归国有，此举严重侵害了民族资本家、部分官员、知识分子及广大乡绅民众等群体的物质价值需求，由此聚集成保护私人合法财产权利的共同意愿，进而形成反抗清朝的激烈的社会事件，即保路运动。

矛盾冲突的表现。矛盾冲突的表现，是因各方没有形成共同意志，而产生犬牙交错的社会矛盾，社会矛盾造成社会冲突，社会冲突带来社会事件。事实上，由于各方不同的目标看法和不同的价值需求，也就难以达成共同意愿，由此产生裂痕，又随着裂痕的发生和扩大而产生更大的鸿沟，此时社会事件犹如火山般喷发而出。当社会矛盾和冲突发生时，如何平息矛盾和冲突？平稳的变革和激烈的革命即是社会事件带来的结果。激烈的革命表现为，要么是甲方战胜乙方，要么是乙方战胜甲方，要么是甲方和乙方同归于尽，由第三方重新取代。事实上，平稳的变革和激烈的革命均是为了将彼此的矛盾和冲突，经过吸收和融合，达到缓和抵消的目标和效果，也就是说社会事件是弥补双方矛盾的桥梁。由此看，你不要惧怕社会事件。只要善于化解社会矛盾，社会就会处于合理的平衡状态。社会的合理平衡是大自然整体平衡的必然要求。

诉求冲击波。诉求冲击波是诉求造成的影响幅度，表现为一种无形或者有形的冲击波。个体利益引发的冲击波相对较小。当个体利益聚集为利益共同体时，利益共同体将形成巨大的冲击波，形成一股巨大的社会力量，制造出轰轰烈烈的社会事件。如果国家制造利益共同体的社会事件，那么会给自己国家带来巨大的民生风险、军事风险和政治风险。比如第二次世界大战，德国诉求是改变凡尔赛体系的国际格局，称霸世界，争夺利益，摆脱经济危机，由此引发的冲击波不但冲击德国国内的方方面面，而且席卷欧洲、美洲和非洲等地区，造成世界各地生灵涂炭。1851 年，洪秀全领导的太平天国运动是当时国内最大的社会事件，其冲击波及广西、湖南、湖北、江西、安徽、江苏、浙江和上海等地，时间跨度从 1851 年到 1865 年，前后达十四年之久，有两千多万人或战死或饿死，大半江山哀鸿遍野，民不聊生。[①]

事件发生的不可预见性。社会事件运行的路线图没有一个现成的固定公式可套，其原因是个人认识的复杂性导致参与行为的复杂性和多样性，同时会受到外界时间、场所、国际环境等因素的影响和制约。可见，社会事件的发生是不可预见的。还有就是

---

① ［美］史景迁著，朱庆葆等译，《太平天国》，桂林：广西师范大学出版社 2011 年版，第 1–2 页。

事件引发的范围广度和破坏力强度，是难以预料的，它具有不可控性。社会事件的不可预见性在时间方面的表现是，虽然通过事先预判和规划，你有可能勾画出社会事件的路线图，作出确切的时间安排，但是你的预判和规划，只是你客观见之主观的内心确认，而内心确认是不能阻挡和改变社会事件的爆发的。值得注意的是，同类社会事件具有一定的共性。通过分析其共性，你就可以找出其规律和特点，从而提高对社会事件的预断能力和处置能力。

如何处置社会事件的风险呢？主要在于以下几点。

理性科学看待社会事件。首先，对于社会事件的发生需要有一个清醒的认识。在酝酿和制造社会事件时，特别值得考察和注意的是该社会事件代表的价值需求是什么，是代表大多数人的价值利益还是维护小部分人的价值利益。只有代表大多数人的价值利益，这样的社会事件才能达成社会共识，才能受到广大国民的称赞，才能得到他人的包容和理解；如果代表小部分人的私欲，或攫取个人私利，或谋取个人职务，或以不正当手段处理社会事件，就会受到大众的反对、批评与驳斥。当然，当社会事件发生后，你如何看待它，应该要有一个明确的态度。值得借鉴的是，你应当以亲历者的角度去感受和体验社会事件，而不能以旁观者和审判者的角度去评判它。因为唯有从亲历者的角度去亲身感受事件的酝酿、产生、发展、壮大直至消亡的各个过程，真实了解它代表的社会需求，才能得到疏通、修复和化解社会事件的最佳方案。

善待公众情绪。总体上来说，社会事件是一种表达公众情绪的外化形态。由于人性欲望的共同本性，每个人都想获得自身的价值需求。当个人欲望受到压制、限制或是剥夺时，为保护和维持自身的价值需求，人们总会以某种形式或某种途径表达抗争，这种抗争亦是社会事件的某种形态。当社会事件发生时，不管是参与者还是旁观者，不管是中立者还是审判者，都需要善待公众情绪。具体来说，是对社会事件的参与者给予最基本的尊重，最大限度保障人的权利。只有切实维护个人的价值诉求，保障个人的批评、建议、检举、控告和申诉等诉讼权利，才能化解他内心的怨恨，才能得到他的理解和宽容，才能妥善圆满地处置社会事件带来的各种不确定性的社会危机。

尊重事物发展的客观规律。社会事件的发生是事物发展规律的必然结果。存在即合理。从总体上来说，任何社会行为的存在都能找到其根源和存在的方式、环境。你需要了解社会事件发生的内在原因、起点、过程和社会影响等情况，只有把握其实质和特点，才能和对方进行坦诚交流，才能够化解社会矛盾。

粗暴简单的镇压是鸩毒。饮鸩止渴会让人中毒甚至死亡。一般来说，社会事件的发生或多或少有其合理的一面，但是，社会事件是否合法的问题，因评价者角度的不同而不同，因各方利益需求的不同而不同。现实生活中，对社会事件合法与不合法的判断，应该由法律去评判，应当理性看待和处置社会事件。如果一味粗暴简单地镇压，带来的只是一时的稳定和和平。但是，公众一时的妥协和退却可能是往后更大社会事件的诱因，也可能引发更激烈的更大范围的更具破坏力的社会事件。

比如五四运动这个社会事件，它给民国政府带来巨大的政治危机，给新青年带来全新的马克思主义思想。工人阶级以自己特有的组织性和斗争的坚定性，在运动中发挥着主力军的作用，开始作为一支独立的政治力量登上政治舞台。[①]

第三节 民族矛盾风险

中国共产党从1921年建党到1949年10月1日成立中华人民共和国，带领中国人民从胜利走向胜利，其中处理民族矛盾、化解民族矛盾风险是取得胜利的重要原因之一。

在历史的进程中，生活在一定区域的人群因其环境、习惯、信仰和文化等价值需求方面的互补、依赖和共享，形成了共同的区域价值和文化体系，进而形成了具有共性的种族，进而形成具有共性的民族。当民族形成时，又因生存空间和利益的需求，与其他民族之间产生了各种民族矛盾，由此带来民族矛盾风险。民族矛盾风险一旦恶化，那么必将给社会和国家带来战争风险。

中国五十六个民族彼此团结尊重，相互包容和理解。但国外

---

① 中共中央党史研究室著，《中国共产党历史：第1卷（1921—1949）》，北京：中共党史出版社2011年版，第43页。

敌对势力和极少数民族分裂分子总想挑起民族矛盾，因此要高度重视民族矛盾，看清民族矛盾的根源在哪里，表现在哪里，它的破坏力有多大，它会给社会的稳定带来多大的影响，这些都是值得高度重视和不可忽略的。

冰冻三尺，非一日之寒。各民族之间的矛盾并不是因一时或因一事而发生的，它是各种利益各种矛盾长期酝酿和发酵的结果。民族矛盾风险分为民族内部矛盾风险和民族外部矛盾风险。广义的民族矛盾风险是指本国受到国内或国外民族带来的各种危害。广义的民族外部矛盾风险是本国受到国外各民族在思想认识、行为准则和领土等民族核心价值需求方面带来的各种危害。广义的民族内部矛盾风险是本国国内各民族对本国国家和社会带来的各种危害。狭义的民族矛盾风险是指本国范围内各民族之间因生存和发展而产生的各种矛盾和冲突。狭义的民族内部矛盾风险是本民族自身内部因各方价值利益需求不同而产生的各种矛盾和冲突。狭义的民族外部矛盾风险是本民族与外部他族因思想认识、行为准则、领土等民族核心价值需求不同而产生的各种矛盾和冲突。本章主要考察的是广义的民族矛盾风险。

民族矛盾的大小、范围、程度与风险的内在联系，表现在以下方面。

极端民族主义。它的一切行为以本民族的利益为出发点和宗旨，表现为为了维护和保护本民族利益，不惜牺牲其他民族的利益；将本民族的宗教和价值认识强加于客观世界和主观世界中。极端民族主义思想越大，其风险越大。

民族狭义观。极端民族主义的相对面是民族狭义观。民族狭义观是主体对本民族的认识是肤浅的狭义的，甚至是无知的，表现为对本民族的冷漠和逃避，没有民族认同感，拒绝民族文化和民族价值，等等。

个人控制民族利益。民族矛盾的产生有时是由于少部分极端民族主义者将个人意识强加在民族之上，也就是个人利用、控制或绑架民族利益。个人控制民族的程度越大，风险也就越大。

民族裂痕度。民族裂痕度是民族与民族之间思想、文化和价值等意识形态方面的差距，差距越大，矛盾越大，风险也就越大。此外，生存空间也是民族裂痕的主要因素。各民族为了生存和发展，都在伺机扩大本民族的控制和主导区域，特别是涉及本民族精神灵魂的场所，更易产生异常激烈的冲突和斗争。耶路撒冷系犹太教和伊斯兰教的发祥圣地，双方因不同的宗教信仰和价值需求，围绕耶路撒冷的归属问题总是冲突不断。

涉及民族矛盾风险的因素有哪些，是什么原因造成了民族矛盾风险的发生和存在呢?

民族价值的多样性。各民族长期在各自区域内生活和生产，由此形成了相对稳定的对生命对自然对社会的整体价值认识。然而，由于各民族价值文化的差别导致各自价值利益需求的不同，从而形成民族之间不同的民族价值。民族价值的多样性可能导致民族风险的发生。

民族生存空间。它是因各民族生存的需求而产生民族矛盾风险。随着各民族人口的不断增加，需要的物质总量不断增长。物质的来源和生产离不开土地。各民族需要获得更大的生存空间来满足其生产和生活。第二次世界大战中德国发动战争的一个借口就是扩大日耳曼民族的生存空间。地球贡献给人类的土地是有限的。各民族人口的增长是无限的，需求的物质总量更是无限的，如何满足各民族的利益需求，在有限的生存空间里达到各民族的和谐共处，是一个严峻、棘手的重大的历史课题和现实问题。不久的将来，各个国家之间又将可能发生因争夺民族生存空间而进行的残酷的斗争。对此，中华民族需要居安思危，谨慎对待。

民族歧视。民族歧视是民族与民族之间的不平等，强大民族往往以大欺小，倚强凌弱，只求攫取不谈付出，甚至以鲜血和利剑控制、征服和奴役弱小民族。它的本质是破坏了民族与民族之间的平等团结。民族与民族之间应当平等。没有平等，就会反抗。有了反抗，风险即来。

民族矛盾不稳定因素。引发民族矛盾不稳定的因素包括人口、土地、伦理、宗教、文化、经济等涉及民族价值需求的系统要素。某个点或单方面矛盾的爆发又会诱发其他方面矛盾的产生，甚至影响全民族的矛盾冲突。较小的民族矛盾发生之后，会面临各种不确定社会因素的介入和参与，由此可能会引发更大范围的民族矛盾。

既然民族矛盾是一个异常棘手的敏感问题，那么有没有好的方式方法，让民族矛盾在历史发展的过程中，逐渐趋于缓和和共融的状态，将各种矛盾调节和控制在合理的区间范围内，而不是让民族矛盾滑向战争的危险轨道？主要要做到以下几点：

民族独立。各民族因伦理、宗教、文化等意识形态的不同，因生活领域的不同，产生了不同的民族价值需求。确保各民族独立，是尊重和保护各民族价值需求的直接体现。需要注意的是，民族独立是民族价值和民族信仰的独立，而不是民族生活区域范围内的完全独立。也就是说，民族独立是国家管理下的尊重民族价值和民族信仰，赋予民族自由发展空间，同时维护国家主权和安全的民族自治。

尊重各自民族的价值需求。每个民族形成的思想、信仰和文化价值都是符合本民族的利益需求的。作为其他民族和旁观者，对不同于己的存在就应以一种自然和平等的心态和认识，去对待、相处和评价它，而不能以自身存在、发展和壮大的绝对性来排斥和否定其他民族的存在。民族平等即是各民族彼此尊重各自的习惯、文化、宗教、信仰、思想等价值需求。当民族矛盾出现时，需要求大同存小异。求大同即是各民族整体繁荣发展，存小异即是以开放和包容的心态尊重各自的民族价值需求，实现在大同中尊重小异，在小异中追求大同。1982 年《中华人民共和国宪法》序言规定：“中华人民共和国是全国各族人民共同缔造的统一的多民族国家。平等、团结、互助的社会主义民族关系已经确立，并将继续加强。”

理性对待民族狭义观。因人认识的差异性和多样性，个人对民族的认识各不相同；因宗教和文化等意识形态的多样性和偏执性，各民族对世界观和价值观的认识也就各不相同。民族狭义观一方面表现为民族自私、民族利益绝对至上、民族优胜论、民族狂热等过激情绪和行为；一方面表现为民族无用论、民族冷漠甚至出卖民族等消极思想和行为。对待各类不同的民族狭义观，不能一味地批评和打击，要多一分理解和沟通，改变其狭义的情绪和认识，远离民族狭义的陷阱和深渊，达到和谐共荣的民族大团结。

国家是民族的母亲。国家是阶级矛盾不可调和的产物和表现。阶级矛盾是国家的内部纠纷和冲突，这种矛盾绝大部分是国家内部的各民族阶级之间的纠纷和冲突，而非涉及国家外部的各民族之间的民族外部矛盾。也就是说，长时间的各民族内部之间和民族与民族之间的阶级矛盾的融合，在相对固定的区域内形成共同的民族意志载体，即国家。不难看出，国家是区域内各民族的共同母亲，任何民族狭义观，任何民族纠纷和矛盾，都不能损害和破坏甚至分裂国家的统一和完整。比如，生活在伟大中国的各个少数民族都是中华民族不可分割的一部分，各民族不管在宗教、文化和习俗等方面存在多大的差异，他们的母亲都是中国。任何极端民族主义者企图实施任何破坏民族团结和分裂中国的言行，都是错误的，必将受到打击和惩治。

战争是不能解决民族矛盾的。民族矛盾具有长期性和广泛性，求大同存小异是对待和处理民族矛盾的基本思路。但是，当民族之间的各种矛盾激发到沸点时，是以战争来解决冲突，还是以沟通等文明的形式来达成共识呢？战争或许会给各民族带来一时的融合和宁静，但是这种融合是野蛮民族片刻的征服，这种宁静是受难民族暂时的退却，这样的战争只会引发更大的民族矛盾。以色列和巴勒斯坦因民族矛盾，导致旷日持久的战争，留给双方的是无穷无尽的伤害和痛苦，这些值得世人引起高度重视，引以为戒。

第四节　舆论风险

“人言如虎”，其意是人的言论犹如老虎一样的凶猛。现实生活中所讲的口水战，事实上也是舆论的一种，它只是比较通俗而已。

从社会大的范围角度来考察分析，舆论是大众在特定的时间和空间里，对某事物产生的部分或基本一致的意见或态度。它更多的是体现大众对事件持有一种什么样的认识，一种什么样的评价，是正面的还是反面的。就个人来说，人类自从有思想特别是有语言和文字以来，为了表达个人的意见和求得他人的认同，个人的言论也是舆论的一个方面。人类的历史其实就是思想和文化的历史。它体现的是某人某民族某时段某地域对某事物的总体解释和分析。所有民族的发展史，其实是该民族通过改造自然、自我发展，对客观世界的整体认识、看法、见解和反思。假如大众对某事物产生了否定的情绪和舆论，该事物就极易被大众所抛弃；假如大众对某事物给予了肯定的情绪和评价，该事物就会受到广泛的赞美和支持。任何事物出现或发展，总是受到大众的关注。然而，其关注度随着时间的推移而有所改变。所不同的是，关注度越长久越深刻，其事物的本质特性和面貌就越客观越真实。舆论既能带来正面的影响，也能带来负面的影响，正面的影响能将事物本身往客观真实的方向发展和靠近，负面的影响能使事物改变其本身的性质或发展规律。我们需要重视舆论的作用，因为每个人生活在大众中，不可避免地受到大众的关注和评价，关注和评价即是舆论。

舆论风险表现在哪些方面?

舆论范围。舆论涉及的面有多广，那么其风险就有多大。作为个人而言，如果你在为人方面受到评价，那么只是涉及个人待人接物方面的风险；如果涉及对朋友、对家庭、对事业等方面全方位的批判时，那么你个人的整体品德就会受到广泛的舆论批判。这样你在朋友在大众中就失去了信任，最终被他人和社会远离甚至抛弃。作为组织来说，组织在人员素质等某方面受到评论时，它面临的只是人员方面的舆论批判；如果该组织在其宗旨或对社会的贡献量等方面受到指责、驳斥或者否定时，它面临的风险则是根本性的，是巨大的。巨大的舆论风险将给该组织带来整体的负面危机。

舆论冲击力。它是舆论对事物产生的冲击力度。舆论是看不见的强制力，正如“人言如虎”。你切勿小看或忽视，甚至漠视舆论，因为舆论产生的冲击力，既可以引导、修正或铲除被舆论事项自身内在的不足和缺陷，也可以激发大众对事物产生不同程度的愤怒或排斥。舆论冲击是舆论以其自身无形的辐射和影响力，再次间接或直接作用于舆论主体，造成舆论主体受到更大范围的实质性的影响。冲击力的大小直接影响风险的大小。当舆论风险冲击力巨大时，你面临的各方压力就越来越大。各方舆论极易形成舆论共同体，聚集成一股巨大的舆论旋涡，舆论旋涡又形成巨大的舆论冲击力。舆论旋涡带来的影响，或是将舆论事项引向积极的好的一面，或是把舆论事项投进消极的坏的一面。

舆论强度。舆论的强度系舆论传递的信息量给大众接受的程度有多大，即舆论信息蕴含的社会价值有多大，社会价值越大，舆论强度越大；社会价值越小，舆论强度越小。值得注意的是，舆论往往涉及的是事物的外在现象，只有认清舆论事物的本质，才能客观公正地评价和衡量舆论事物所代表的社会价值。

舆论时效。舆论的时效是舆论持续时间的长短。如果持续的时间是短暂的，那么它聚集的能量不管有多大，宛如飓风来也匆匆去也匆匆。如果舆论有一个长久的酝酿过程，并且是有组织有计划地进行，那么极易形成舆论旋涡，就像海啸一样形成巨大无比的巨浪，摧毁一切障碍物。长期的舆论导致舆论的持久性，它又极易促使他人在看待和评价舆论事项的过程中形成一种固定的思维。当舆论对某个人或某事物产生既定思维时，你想去改变它是非常棘手和困难的问题。

舆论风险的因素有哪些，是什么影响了舆论风险？

利益共同体。个人发表言论代表的是个人意见、见解和态度，个体的利益诉求好比是天空中的一朵云或一粒冰雹，难以产生较大的冲击力。然而，个体的利益诉求经过聚集或叠加，会形成集体的利益诉求，它就能汇聚成某种巨大的社会力量，由此产生巨大的破坏力量。影响国家和社会稳定的舆论的根源往往是个体舆论的集合体，当集合体对某事物形成共同认识，由此形成利益共同体，此时它代表着某种共同的利益价值诉求，而这种共同的利益价值诉求引发和爆发的社会力量是巨大的。为什么会形成利益共同体？这是因为人不可能是独立活着的，人只有生活在组织中才能成长并且壮大。当你生活在团体组织中时，你对某事物的单个认识就可能影响和激发本组织成员对该事物的整体认识。事实上，整体认识的形成即是组织中共同利益的形成，此共同利益便转化为整体利益，或者说转化为团体利益或集团利益。正是因为有利益共同体的存在，从而会得到共同体内众多个体的热烈支持和盲目跟从，还会对共同体之外的组织和人员产生辐射和影响，以求得他们对本共同体的关注和认同，由此形成更大的舆论范围。舆论范围越大，其风险也就越大。

目标盲目性。目标盲目性是当某种舆论产生时，大众对舆论的真实性往往考察较少，而对舆论的目标往往给予极大的关注。事实上，因为认识的狭隘性，因为认识生活的片面性和有限性，个体不可能知晓天下事。你对事物的认识和接受，往往根据个人的喜好和需求，从而有所偏重，有所筛选和取舍。通过筛选将自认为有用的信息储存在大脑中，又经过主观分析，找出有利用价值的信息。也就是说，你对于外在的舆论，总是在不停地进行筛选和甄别，判断其真伪。但事实上，当舆论形成一股强大的冲击波的时候，局外的人员往往不知道舆论主体的真实面貌，又因为人性的盲从和趋众心理，你个人很难保持客观公正的判断力来认识和评价该舆论主体的真伪和对错，就这样盲目地参与进去，如此一传二，二传三，三传无数，形成舆论旋涡。

目标隐蔽性。它是主体将自身不可外言的价值目标隐藏在公众舆论中，由此利用舆论达到主体的目标需求，进而绑架集体利益。个体的言论，本质上可以说是对事物直接的认识，是某种感性或理性的意见和态度，总体上是符合个人价值利益需求的评价，不管其是对还是错，都是个体对事物亲身的认识。然而，舆论极易受到利益共同体和权力者的煽动、蛊惑甚至操纵。从另一个角度看，由于个体力量的渺小，促使只有利用集体力量，才能够让个人的思想和价值需求得以实现，以此释放巨大的舆论能量。但事实上，因为人性自私的一面，先满足了自身的物质和精神需求，然后再为大众服务。虽然大众有可能通过舆论已经知道舆论的特定对象是什么，但是舆论的操纵者和主导者对真实的舆论目标，总是以隐蔽和隐晦的形式来表达和实现。比如，公元688年武则天为称帝营造舆论，暗中指使薛怀义编写《大云经》，经里记载女主统治国家，最后成佛，为武则天君临天下大造舆论。其他人不知道武则天的真正目标是什么，也不知道此舆论是武则天一手暗中操纵的。

政府的软弱与暴政。政府的软弱是惧怕舆论风险，突出表现为采用“花钱买平安”和利益交换的态度。政府不是以社会整体的价值需求为出发点，而是以某个人或某小团体的私利为出发点，将共同利益予以交换和出卖，甚至是牺牲共同利益。政府软弱的表现是对舆论的惧怕和恐慌，这是消极的一面。政府暴政的一面，是对舆论采取高压的态势，以居高临下、排山倒海的方式将舆论扑灭。但事实上，既然舆论已经形成旋涡，如果采取胁迫和暴力的手段予以扼杀，那么恐怕不能达到良好的处置效果。虽然可能一时可以压抑舆论怒火，但是难以消除凝聚社会影响力的舆论火苗，很难从根本上解决社会矛盾，甚至可能引发更大范围的舆论风险。

舆论风险多样性。舆论风险的多样性，体现在舆论传播形式的多样性和不确定性。在封建社会里，舆论传播的形式主要有著作、传教、告示等。清末还出现报纸、演说等形式。二十一世纪随着科技的发展、社会的进步，各种信息快速传播和融合，舆论传播的形式呈现出百花齐放的态势，除了传统的著作和传教之外，新闻、报纸和电视等媒介给舆论增添了双翼，特别是互联网信息化和数字化时代，各种舆论瞬间就能传播到天涯海角，由此带来的舆论风险是多途径的，是多样的。

当舆论风险来临时，如何处置它？“人言如虎”时，你如何面对？此时需要你对舆论有一个客观公正的认识，切勿一闻“虎言”就撤退。只有你理性、顺势利用舆论，才能够让舆论为你服务，才能够为组织服务，才能化解风险。当你惧怕舆论时，有可能你真的会被舆论推向“虎口”。因此，要做到以下几点：

理性科学评价。舆论既然已经产生，就需要主体认真地对它进行分析和评判，包括舆论的来源、涉及面、侧重点、代表的利益共同体、社会价值、时效等。只有对舆论有一个客观公正的认识，才能够找到化解舆论风险的最佳方案。如果你对处置舆论一窍不通，甚至当舆论来临时，只是一味地埋怨和逃避，那么你只能被舆论的火焰所吞噬。只有了解舆论风险的诱因和内在本质，你才能够看清它的真实情况。只有真正地了解，才能够实现真正的沟通。沟通是化解舆论风险的理性手段。理性对待风险，要求主体理性地制造和传播舆论。文明的舆论应是一种共有的为社会服务的社会价值需求，而不是个人见不得光的偷偷摸摸的私欲。我们有必要改进和创新宣传路径，完善舆论监督制度，健全重大舆情和突发事件舆论引导机制。如果默认或放任一种偏激的舆论独大，甚至纵容和引导其成为社会主流意识，最终受伤害的，可能是每一个人。为广大群众切实谋福利，真正为集体着想的舆论，是值得提倡和肯定的。同时，你在对待外来舆论时，不能头脑发热，不能跟风，被他人利用，被他人煽动。当你盲从舆论时，也会给你自身带来风险，即是对事物缺乏是非评判的认知，失去了独立的自我。

及时公布事实真相。当舆论来临时，作为管理者，应该及时公布舆论事实的真相，公布的信息包括时间、地点、人员、经过、结果、社会影响、处置手段和效果、预判和下阶段工作规划等真实的事务要素。及时公布，是适时化解舆论风险的需要，表现为尽快适时公布舆论的进展情况。公布真相，是向社会公众原汁原味、开诚布公地公布舆论涉及的方方面面的真实情况，切勿有隐瞒、掩饰、裁剪、嫁接等虚假手段和行为。只有及时公布信息，才能用诚恳的态度和积极的姿态，来震慑和感化舆论的组织者、参与者、盲从者和无知者；只有公布事实真相，才能用事实来说服制造舆论的组织者、参与者、盲从者和无知者。舆论的火焰是包不住的，与其绞尽脑汁地去包火，还不如积极主动去灭火。

行动修正舆论。舆论是一种态度、见解和认识，也可以说是大众对某事物的部分或整体思想。这种思想既可能是稳定的，也可能是不稳定的。对舆论最好的处置方法就是用行动来化解舆论风险。面对舆论风险，需要你亲力亲为，及时掌握舆情信息，在深入分析舆情特点，尽快核实工作情况，精准把握事实真相的基础上，精准引导，最短时间、最大限度化解消极因素，凝聚社会共识。毛泽东主席说，没有调查就没有发言权。这就要求你深入舆论的发源地，深入舆论的群体当中，去掌握第一手资料，去化解矛盾。如果舆论代表的是正面的价值需求，那你就要虚心听取，合理疏通舆论诉求，切实维护社会价值。如果舆论是负面甚至是反面的，那也需要你以心平气和的态度，冷静地分析舆论的价值需求，有理有利有节地处置舆论风险。你只有通过行动，才能够化解和疏散舆论带来的阴霾。

虚拟舆论。设置虚拟舆论，重在对潜在的舆论作出科学的预判，包括舆论事项的来源、诱因、价值需求和危害程度等因素，事先制定处置舆论风险的策略和路径，尽可能地降低和减少舆论危害。需要注意的是，设置虚拟舆论，应本着实用实效和与时俱进的原则和精神，切勿夸夸其谈和言过其实。

舆论并不可怕，可怕的是惧怕舆论。只有积极处置好舆论，才能让“人言可畏”转变为“人言可敬”“人言可警”。

第五节　战争风险

西安古城墙，雄伟坚固，让人肃穆。西安是十三朝古都，行走在古城墙，让人深切感受到城墙的现实价值和历史价值。城墙的价值意义就在于保卫自身的安全，防御敌人的入侵。但几千年来，封建帝王和统治阶级修建城墙，也无法维护皇权的稳定，确保帝王家族统治的长期性。

危险不仅仅在于表面上的争斗，还在于思想上的反抗和决裂，来自残酷的战争。战争体现为人群与人群之间，民族与民族之间，国家与国家之间为各自利益进行的最直接的力量对抗。这种对抗往往是毁灭性的，可能给本民族本国家带来巨大的灾难。

战争是否会出现胜败参半的结果？从中国战争史和世界战争实录就可以看出，战争是不存在胜败参半的，战胜方获取最大利益，战败方失去巨大利益。当然，战争也会造成双方受损而第三方得利的情形，这即是鹬蚌相争，渔翁得利。明朝末年，大明、大清、大顺三股力量角逐争斗。崇祯皇帝领导的大明政权与闯王李自成领导的大顺政权激烈对抗，消耗和损失了双方的军事力量，这种情势直接强化了第三方顺治皇帝领导的大清的军事实力。战争的最后有可能造成参与的双方或单方受到第三方发动的新的战争风险。

有人提出：战争的输赢标准是什么？是土地等财富的增加或减少？还是对对方的控制或己方的沦陷？战争是本民族或者国家为了达到某种整体目标，或为了释放内部矛盾，或为了实现整体利益的需求，进行敌我对抗的行为。表面上看战争是战胜者将自身的矛盾和痛苦强加在他人身上，但实质上战争双方都痛苦，所以说战争是残忍的。战争必然造成血泪和破碎。

当前，战争的形式不只是武力冲突即军事战争，还表现为思想战争、文化战争和经济战争。思想战争是长期的，是在意识形态领域的腐蚀、侵入、操控和征服，主要表现为语言、心理、精神、情感、价值观、道德准则以及各种观念与信仰之战。思想战争的本质是在精神和心理上操控和征服对方，改变的是对方的“大脑”。文化又是各种语言、心理、精神、情感、价值观、道德准则与信仰等意识形态的具体载体，由此可见，思想战争也可以说成是文化战争。文化战争的本质是以己方文化和价值体系同化或改变对方文化和价值体系，改变的是对方的“文字和文化”。思想战争和文化战争都是一场没有硝烟的意识形态斗争，一旦胜负已定，战败方将失去原先思想和文化的本原，其危害是巨大的，其造成的无形的危害和损失无数倍于有形的军事战争和经济战争。而经济战争是一种无形的胜过军事冲突的掠夺、控制和征服，它让对方国家、民族经济处于一种混乱和瘫痪的状态。经济战争操控对方经济，特别是金融资本，占据经济主导权，继而控制对方国家和民族的经济命脉，左右对方国家的经济安全。奴隶社会和封建社会的战争是战胜方侵占和夺取战败方的土地和财物，或控制和奴役对方人民。

战争与风险之间的关系主要表现为以下几点。

战争风险的必然性。战争和风险之间有必然的联系。有战争就有战争风险，最直接的风险就是人的生命和健康受到严重的危害，同时经济的正常发展受阻，对国家和国民财产造成无比巨大的消耗和损害。抗日战争中，中国付出了巨大的民族牺牲，中国军民伤亡总数在3500万以上，直接经济损失超过1000亿美元，间接经济损失5000亿美元。[①]

① 中共中央党史研究室著，《中国共产党历史：第1卷（1921—1949）》，北京：中共党史出版社2011年版，第667页。

战争种类决定风险的范围。战争种类涉及战争的性质和区域。战争性质可分为正义的或是非正义的，是种族之间的还是民族之间的，是宗教之争还是利益之争，等等。简言之，战争的根本目标是意识形态之战抑或世俗之战，意识形态之战比世俗之战的风险范围更大，影响更深远。战争区域涉及是国内的还是国外的，是双方的还是多方的，是陆战还是海战，是局部的还是全局的。战争的区域范围越小，战争带来的风险越小；反之，则越大。

战争的残忍性决定风险的程度。战争的残忍性表现为战争的手段，是理性式还是残暴式，是征服式还是摧毁式，等等。理性式和征服式的风险较小，残暴式和摧毁式的风险是异常大的，是难以预测和衡量的。比如说使用原子弹，其残忍性表现为巨大的毁灭性，完全是以摧毁对方生命和财产为出发点和落脚点的。

战争的持久性决定风险的连续性。战争的持久性与战争风险的连续状态成正比。战争的持久性表现为战争状态的长期性。战争持续的时间越长，连续的风险就越多，由此消耗的社会财富总量也就更多，国民伤亡的数量也就越多。太平天国与清朝对抗的时段从 1851 年到 1864 年，前后历时 14 年，持久的战争给双方带来了巨大的人员伤亡和物资损耗。

认识的狭义性和行动的不稳定性决定战争风险的发生。认识的狭义性是国民对战争的畸形认识和偏执认识，甚至体现为对战争麻木不仁，不闻不问，任人宰割。行动的不稳定性是战争过程中主体不能主动控制自身的战争行动，表现为意志摇摆、行动缓慢、各自为政、团队松散等消极的战争行为。中日甲午战争是最能体现认识的狭义性和行动的不稳定性的惨痛案例。认识的狭义性表现为，上至国家最高权力者慈禧、李鸿章等人，下至军官士兵，都抱着惧怕战争、漠视战争和轻敌等狭义的战争认识。行动的不稳定性表现为在战争中行动缓慢、对战术的犹豫不决、操纵舰艇和使用武器的偏差等方面。虽然甲午战争清朝的失败有深层次的、制度性的根本原因，但对战争认识的狭义性和行动的不稳定性是重要的直接原因，因此，清朝的失败是不言而喻的。

战争力量的组合程度决定风险的强弱。战争是检验一个国家和民族综合实力的逐鹿场。综合实力越强，风险就越小；反之，则风险就越大。战争实力是参战方动员和利用的本国家和民族在人口、经济、政治、文化、外交、军事和科学技术等各方面的总体实力，是集合体的整体力量。集合体某方面的弱小、疲软和混乱都会影响其他方面，进而削弱和影响集合体的整体力量。

那么是什么原因影响、诱发和推动战争的发生呢?

国家和民族矛盾的多样性。矛盾的多样性表现为一个国家和民族的社会各个方面都存在矛盾，比如土地利益、政治利益、宗教信仰、文化差异，等等。国家间与民族间也随时可能因为这些矛盾而发生战争。比如导致十字军东征的根源是宗教信仰的冲突和对掠夺财富的渴望。民族矛盾是让国家和民族发生战争的最主要的矛盾冲突。可以这么说，民族与民族之间，国家与国家之间，基于生存空间需求和经济需求引发的战争是短暂的和局部的，但是，如果是由于民族矛盾和亡国灭种，那么这种就是你死我活的战争，是长期的和全局的。比如鸦片战争，英国与清朝之间的战争只持续了几个月，达到掠夺财富、抢夺市场的战争目标后便偃旗息鼓。但是抗日战争，源于日本要灭亡中国的狼子野心，所以是涉及民族存亡的根本性、全局性战争。

个人意志主导国家意志。当个人在特定环境下，通过某种途径获取国家和民族的最高权力，随之而来的是，此时他往往以国家和民族或集团的总体利益需求为借口，将他个人的欲望转化为国家和民族或集团的欲望，将他个人的意志强加在国家和民族或集团的意志之上，由此可能发动战争。如北洋政府时期军阀混战就是这样。

主体弱小。落后就要挨打。如果一个民族一个国家弱小，就会遭到其他国家和民族的凌辱和侵略。虽然《联合国宪章》规定，支持并尊重各国家和民族之间独立自主、平等发展的权利，但是弱肉强食在现实中是不可能避免的。辛亥革命推翻了清朝，建立了中华民国，但是此时中华民国非常弱小，弱小就难免引起外国的觊觎狼心，这是从国家和民族外部来说的。从国家和民族内部来说，如果国家政权的控制力弱化和内部矛盾激化，那么也可能引发民族内部战争。轰轰烈烈的太平天国运动即是清朝政权的衰落腐朽导致民族内部矛盾激化的国内战争。

自然资源。自然资源是国家和民族赖以生存的物质基础，是国家和民族物资总量的重要组成部分，土地是最大的自然资源。物资总量的失衡必然引发战争。为什么这么说？因为每个民族都需要生存，生存就需要土地和物资，不管是本民族通过自身劳动获取的物资，还是用其他手段获取的物资。可见，正是因为物质财富的缺少，所以必然心生嫉妒和攫取之心，总想获取他人的物质财富。但是，如果不通过合法的途径获取该得的物质财富，那么就会引发各种激烈的矛盾，有矛盾就有斗争，斗争是要以战争的方式获取己方想得的土地和物质财富。当内部人口过度拥挤和物资匮乏时，发生内乱的可能性就会增大，而有些统治者为了减少和消除内乱，可能将内乱的矛盾和危机能量向外释放。这时，对外战争也就可能发生。

战争带来的风险无处不在，该用一种什么心态和怎样的方式方法来处理和化解战争风险呢？退一步来说，即如果战争不可避免，那要如何最大限度地保护国家和民族的整体利益呢？

理性看待战争。理性认识战争是指主体要客观地认识战争。首先主体需要树立正确的战争观，客观地评价战争，特别是对于战争带来的利和弊；其次需要认识到国家和民族是战争的主导者；再次，需要认识到战争的效果和作用是解决各民族和国家之间不可调和矛盾的最后的武力手段。中国热爱和平，中国不想也不希望发生战争，但中国也不惧怕战争。虽然不一定要每个人以某种实际行动去经历真枪实弹，但需要普及什么是战争，国家须随时做好战斗的准备。比如军事训练、模拟军演，加大军训和军演的范围和强度，都能让主体切身感受到战争具有的残酷性和危害性，体验战争给人类带来的灾难和心理上的创伤。今天，大部分国民没有经历过血与火的军旅生活，没有经历过战争，许多人对枪支、弹药、浮船、坦克、舰艇、炮台等军需器材和军事设施都茫然无知。参与战争的武装力量是军人，但广泛了解军事及战争知识是每个国民应有的素质，这样才能体现强国的实力。

经济是战争的基础。战争必然带来风险。面对战争，强大的经济基础是必不可少的。冷兵器时代的战争，拼的是人，拼的是粮草，归根结底拼的是经济。现代战争拼的是飞机炮弹，拼的是人才和粮食，归根结底拼的还是经济。国家经济表现为国家物资总量。国家物资总量包括已有的国家物资储备和持续的国家生产能力和供应能力。只有仓库里堆满了粮食和牛羊，只有仓库里存满了石油，只有仓库里备满了药品，只有仓库里放满了飞机坦克和枪支弹药，当战争来临时，国家才不会惧怕战争。另外，国家有充足的资金储备，当战争来临时，才不会惧怕战争的损耗。如果没有足够的资金来源和物资储备，国家将无法填补战争的巨大消耗，这时极易导致国家混乱溃败和百姓流离失所。

实力是战争的风向标。实力即是国家综合实力，其中人的素质尤为重要。大明王朝修建的长城展现了大明王朝强盛的实力，但是，终究抵挡不住爱新觉罗·努尔哈赤家族的滚滚铁骑。战争实力除了经济以外，还包括军事设施、武器弹药、军事战略、军事战术，等等。只有将各种战争要素有机统筹起来，才能凝聚成强大、高效的国家综合实力。如果国家综合国力强大，对方就不敢轻易发动战争，不战而屈人之兵。如果国力强大，面对实质的战争，也能稳操胜券。

需要说明的是，战争指挥者的军事战略和军事战术对战争的胜负也起着重要作用。对军事统帅来说，其智慧和能力体现在胸怀决胜千里之外的胆识和掌握百战百胜的军事战略。军事战略和军事战术方面的经典理论和著作繁多，比如《孙子兵法》、毛泽东著的《论持久战》和克劳塞维茨著的《战争论》，等等。

除有形的战争之外，交战双方人员的精神状态也不可忽视，我们可称之为精神战争。精神战争的特点主要表现在：一是主体的广泛性和普遍性，包括己方国家和民族的公民、军人、组织、政党和政府；二是主体素质的高尚性，表现为抛弃自私自利的个人私欲，忠贞于国家和民族，时刻保持坚强的民族情结和旺盛的斗志；三是其目标是为国家为民族服务；四是为了国家和民族的利益牺牲个人利益；五是随时随地准备战斗；六是不怕死，敢于牺牲。总结来说，精神战争表现为当己方国家和民族面临敌对国家和民族侵略时，己方国家和民族的公民、军人、组织、政党和政府都要树立和保持一种时刻为国家为民族战斗的意识形态，时刻保持战争状态的热情和激情，时刻处于战争的临界状态。1939年9月至1942年2月，在三次长沙会战中，中国军队战胜日本军队，中国军民用“唯有用血与肉的牺牲精神，才能粉碎敌人的进攻”的精神内核和灵魂，谱写了伟大的精神战争的凯歌。

精神战争最基本的境界是实现主体内心世界的战无不胜，具体而言就是每个人在日常生活中都要时刻绷紧战争这根弦，要谨记忘战必危。精神战争在现实生活中还表现为尚武精神。湖南人具有尚武精神，敢于为国家为民族舍生忘死。抗日战争时期在常德会战、长沙会战和衡阳保卫战中，湖南军民万众一心，不怕死，霸得蛮，吃得苦，打得日本侵略者闻风丧胆，这就是湖南人尚武精神的具体体现。如果一个国家一个民族不善于战斗，当然这种战斗不是说内讧内斗，而是外斗，那么很有可能被敌人凌辱和残害。你学习和工作的目的不在于简单的升官发财，你生存的目标不在于简单的经营好自己的安乐窝，你应当时刻关注国家和民族的发展前景和命运。历史提醒广大国民必须建立精神战争的价值理念。只有思想上的成熟才能指导行动上的成熟。当你思想混乱模糊时，你的行动也就混乱模糊，模糊混乱的行动最终使你投降，甚至灭亡。人类的历史其实就是一部充满战争的历史。每个人的发展是以国家和民族的存在和发展为前提条件的，个人只有在国家和民族安全强大的护佑下，才能够安全强大，也只有不惧强敌，勇于斗争的国家和民族，才能够更加强大。当敌对国家和民族挑起事端、侵害中华民族和国家利益的时候，需要同胞们不怕死，敢于迎接战争的意志。这是精神战争的现实体现。请同胞们务必坚信：为国家而死，为民族而死，是人生最大的光荣，是上苍给予我们最好的赏赐。[①] 同时，国家和民族务必给予任何爱国勇士至高无上的尊

① 李太斌著，《心旅无痕》，长沙：湖南人民出版社 2016 年版，第 19 页。

重和荣誉。

中华民族是热爱和平的伟大的民族，但并不意味着要忘记战争，要放弃战争，而是要始终保持战斗的状态，如此才能减少和避免巨大的战争风险。

第六节　国际风险

鸦片战争前，中国闭关锁国，落后于世界而不自知，不了解世界大势，也不关注国际事务。

二十一世纪的中国，改革开放日益深入，与世界各国交往日益增多，世界离不开中国，中国的发展也离不开世界。今天中国国民的幸福生活同样离不开与国际各种精神文明、物质文明共同交流和促进。

全球一体化的格局要求大家关心和关注国际环境，因为今天中国的全面发展离不开国际舞台，个人的全面发展也离不开国际舞台。为此，我们需要认识国际风险因素，诸如国际思想、国际价值理念、国际规则、国际交往、国际金融和贸易等，了解它们是否引发和产生国际风险。

国际问题和风险之间的关系有以下几点。

国际价值观与风险之间的关系。国际价值观是主体对国际事务和事件持有的认识和态度。通俗表现为，首先你的心是否和世界同呼吸共命运，你是否关注国际上的重大问题，站在一个什么样的角度去评价和判断国际事务，你是以旁观者的角度还是以参与者的角度去看待国际问题。如果你只是从旁观者角度去审视国际问题，由于你没有主动投入到国际矛盾的潮流中，这样你将永远无法参与和体验当局者的困惑和处置经验，更无法获取国际利益。主体对国际事务和矛盾秉持宏观的认识，积极主动参与国际事务，科学互利处置国际矛盾，此即是国际价值观。国际价值观最主要的就是需要主体保持开放包容、互利互惠的价值理念。主体在国际价值观上越高瞻远瞩，风险越小；在国际价值观方面越鼠目寸光，风险就越大。

国际参与度与风险之间的关系。国际参与度是主体在一定范围内参与国际矛盾所表现的行为状态。行为状态包括是闭关自守还是文明开放，是积极行为还是消极行为，是主动行为还是被动行为。行为范围包括是局部的还是全部的，是单层次的还是多 层次的。积极的主动的国际行为，引发的风险较小；消极的被动的国际行为，造成的风险较大。参与的范围越深越广，风险就越高；参与的范围越浅越窄，风险就越低。需要注意的是，假如某民族某国家根本不想也不愿意介入和参与任何国际事务和矛盾，那么其面临的国际风险是难以预测的，因为与国际的脱离，必然导致被其他国家和民族孤立，甚至被其他国家和民族同化和吞并。

国际因素与风险之间的关系。国际因素涉及的面越多，风险越大。国际因素包括宗教、政治、经济、文化、军事、科技和领土等方面。一个国家化解国际风险最重要的部门是外交部门和国防部门。外交部门需要对各种国际因素有一个清晰明了的认识和客观全面的评价，做到心中有本明明白白的国际账，如此该国的国际风险会大大降低或减少。

国际矛盾与风险之间的关系。国际矛盾包括矛盾涉及的范围和利益冲突的程度。国际矛盾涉及的范围体现在国际因素方面。利益冲突的程度是国家与国家之间各自为维护和获取更大的国家和民族利益，由此滋生和形成的国际冲突裂痕。国际矛盾越深，风险越大；国家矛盾越浅，风险则越小。

引起国际风险的原因究竟有哪些？

国民心理缺陷。国民心理素质是国民对国际事务和矛盾持有的认识、判断和观念，体现的是国民的心态。在中国近代史上，有的人在对国际矛盾和冲突进行决策或行动时，要么是自负激进，要么是悲观落后；要么是闭关自守，要么是放任自流；要么是顽固的仇视心态，要么是毫无原则的献媚丑态。以义和团运动为例，清政府最初采取镇压态度。但是从 1900 年初开始，清政府特别是慈禧太后等顽固势力目光短浅，图私利，泄私愤，认为利用义和团愚昧落后和盲目排外的心理和行动足以和其他国家对抗，便自负地对外发布宣战谕旨，“大张挞伐，一决雌雄”，最终英、美、法、德、意、日、俄、奥八国联军侵入北京，此时慈禧太后为了安抚八国联军，又调转矛头，镇压义和团。近代有些国人素质中还有一个重要的风险源是“惧怕”，惧怕参与国际事务，惧怕处理国际矛盾，其原因一方面是缺少应对处置国际事务和国际矛盾的智慧和能力；另一方面是存在犹豫情结，做好了，怕国民指责“卖国者”，做差了，怕丢了乌纱帽。此外，民族观念扭曲也是国民心理缺陷的一个方面。民族观念扭曲是民族基于某种自身价值需求或受到外界的影响，脱离正常的，为大众普遍认同的精神和理念，由此形成背离大众的世界观和价值观。从大众角度看，它是异常过激的不健康的群体心态，往往滋生威胁、绑架、爆炸、劫机等恐怖行为。目前，国际社会一般将这种带有民族观念扭曲的组织定性为国际恐怖组织。

国家政策漏洞。国家的政策往往决定了国家开放的程度。导致鸦片战争失败的根源是清朝政府坚守闭关锁国的国家政策。国家政策往往涉及科学性、合理性和时效性。从国家和个人的关系来看，国家政策中需要注意并积极支持和肯定个人参与国际事务的意识激情和行为。比如支持和鼓励国民出国考察走访和国际贸易往来。试想，如果国民根本没有跨出过国门，对国际社会没有亲身的体验和感受，何来参与并处理好国际事务和矛盾？国民只有走出国门，积极与世界各民族和国家进行文化、经济、科技等方面的交流，才能了解世界的格局和动向。

国家利益失衡。国家利益是全体国民共同的公共利益，是国家赖以生存和发展的整体利益需求，基本内容是主权独立、领土完整、经济繁荣、国民幸福，等等。国家利益是国际事务和国际矛盾关注的永恒焦点。国家交往中没有永远的敌人，也没有永远的朋友。衡量对方是否国际友人的标准是看对方是否真诚地尊重和维护我国的主权和合法利益。国家与国家之间的和平相处的基础是双方国家利益的相对均衡。但是，此种相对平衡的秩序一旦失衡或遭到破坏，便会引发国家之间的矛盾冲突，由此带来国际风险。

国际秩序混乱。国际秩序是各国本着自主平等的原则，为彼此和平友善的正常发展，通过国际条约、多边条约和国际习惯等国际规定、政策、制度和法律，明确各自的国家权利和国家义务，形成的国际结构和状态。然而，国际秩序的稳定是相对的，是暂时的稳定；而不稳定的国际秩序是绝对的，是长期的不稳定。国际秩序的结构和状态往往因各种利益和价值诉求的介入，而遭到影响和破坏，进而引发国际秩序混乱。

当国际矛盾来临时，个人还需注意以下五个问题。

国家利益至上。每个人在处置国际风险时，应当紧紧以国家利益至上，以国家利益为出发点和归宿点，无论是面对何种形势，维护和保证本国的国家利益是应当遵循和持有的基本原则和政策。首先是本国领土、领海和领空的完整性和不可缺失性。完整的领土、领海和领空是必不可少的基本的国家利益。大英帝国的繁荣和富有，正是因为它紧紧保护大不列颠的完整性，同时对外殖民，庞大的殖民地为它输送和积累了巨大的国家利益。一个政党、一个组织和企业以及个人在国际事务交往中，都需要紧紧以国家利益为重，决不能为谋取私利而交换或牺牲国家利益。许多历史事件历历在目，极少数人在国际交往中为谋取个人私利而交换或牺牲国家利益，甚至甘当外国的忠实走狗，这种行为带来的风险一方面是国家利益受损；另一方面是行为主体成为中华民族的历史罪人。汪精卫投靠日本的行为，即是警钟。

国家中立。国家中立是应对和化解国际风险的一项重要的国家策略和国家政策。国家中立意在国际交往和沟通中对各国保持公正平等的立场，避免介入涉及其他国家主权政治、制度文化等方面的矛盾冲突中去，最大限度发展自身经济，保持经济持续稳定、繁荣发展，让本国国民过上美好幸福的生活。瑞士即是国家中立的典型。然而，作为大国而言，国家中立只是一项临时的国家政策，而不能作为一项长久的国家政策。原因在于面对各种纷繁复杂的国际矛盾，由于自身暂时的国家综合实力落后，为了最大限度地保护国家利益，由此作出中立政策的权宜之计，而当有处理国际矛盾的能力和实力时，应当以一种强者的姿态出现在国际舞台中，以得到国家利益各方的共同认可，从中保护并最大限度获取应得的国际利益。第二次世界大战初期，国家中立是美国采取的国家政策，不久，美国便放弃国家中立政策，积极主动参加战争，为第二次世界大战作出巨大贡献，美国也由此获取了巨大的国际利益。

开放包容。开放包容是主体面对国际环境，以国际眼光和战略思维兼收并蓄、博采众长，以自身发展促进世界和平与发展，坚持合作共赢、共同发展，维护和推动经济全球化，积极发展全球伙伴关系，支持多边主义，维护国际公平正义。个人在国际交往中需要保持积极进取、开放包容的心态和行动，而不是夜郎自大等消极思想。虽然国际交往中国家利益是永恒的，但是也不能脱离互利共赢的精神和原则。开放包容是互利共赢在行动中的具体表现。当前，中国实施“一带一路”倡议，大力发展开放型世界经济，即是开放包容的例证，文明在开放中发展，民族在融合中共存。

紧盯国际矛盾。国际矛盾不仅关系到国家利益，有时还会引发国内矛盾，这也是矛盾的转移。各国在国际矛盾中，削弱对方在国际事务中的话语权和控制权，提升和强化本国在国际事务中的话语权和主导权，由此带来双重利益，一方面是获取国际矛盾中争议的国家利益，一方面是夺取对方的国家利益，俗称挖墙脚。就从单一的国际矛盾来看，国际矛盾涉及面广，繁芜复杂，各种利益纠集在一起。只有冷静观察、沉着应对，分析国际矛盾的现象和原因，才能找出解决国际矛盾的策略、方针、手段和路径。

正确处理和平与冲突。和平共进是国际发展的主流。国际交往中各国本应秉持自主平等、互惠互利的精神和原则，但事实上，当国际矛盾不能合理解决，当国际利益不能合理分配，各方价值诉求没有达到平衡点的时候，冲突和战争就成了矛盾不可调和的产物。中华民族热爱和平，但是也不能放弃武力，还要敢于用短暂的冲突中去换取长久的和平。

全球东西方的矛盾、南北关系的矛盾、自然资源分配的矛盾，每天都在国际舞台上酝酿、发酵、发展，甚至恶化，国际矛盾错综复杂。今天，中国已经做好了准备，有信心并有能力处置好国际风险。拿破仑一世说得好："中国一旦被惊醒，世界会为之震动。"

第七章

安全风险与风险管理悖论

安全是处置各类风险应当保持的最基本的红线，也是应当坚守的基本原则。抛弃安全，去谈论风险，本身就是非常危险的思想意识和行为状态。与安全风险相对应的是可变风险，两者之间存在相互融合和彼此转化的关系。在分析探讨安全风险的同时，也包含观察可变风险的方式方法。安全是相对稳定的状态，可变是不稳定的状态。然而，评价某种事物和行为是安全还是可变的状态，这种行为本身即是主观意识的自我认识。当你忽视自我认识时，客观世界照样以它固有的轨迹正在变化、发展和前进。鉴于此，对于冒险者来说，又不得不观察超出了常识的风险管理悖论。存在即是合理。笔者想补充的是，存在应该是一种处于安全的状态。然而，在大自然的斗争中，不算安全的状态也可以以不合理的方式和形态合理（客观）地存在着。

第一节　安全风险

风险总是存在的，也就是说，风险是肯定的，而安全是相对的。安全是事物处于风险控制在合理限度范围内的平衡状态。它是一切事物存在和生存的基础。假如没有安全，则不能保障事物的存在和生存，那么任何考察和评析事物的话题都是毫无意义的。需要注意的是，既然风险是肯定的，那么你是否惧怕危险、惧怕风险，而把安全看作是一种可望而不可即的奢求呢？不是这样的。只要你对安全有一个正确的认识和判断，将风险控制在合理的限度范围内，就能处在相对的长期的安全环境里。事实上，你面临的任何事项都需要从安全的角度来考量；你的任何行动都需要安全的环境来保障。

人的一生就是一个安全管理的过程。从个人方面来说，当你的安全面临巨大风险时，你的健康和生命就面临着巨大的风险。

安全是一种过程状态还是一种结果状态呢？从完美主义者角度来看，安全是一种过程状态；从实用主义者角度来看，安全是一种结果状态。安全与风险呈反向关系，即安全系数越大，风险就越小；安全系数越小，风险就越大。

安全与风险之间的关系主要是以下几点。

异变因素的范围和数量。安全是一种相对的平衡状态，当各种异变因素介入，并且影响或破坏事物的完整和平衡时，事物便处于不稳定的状态中。引起异变的原因分为内在和外在两个方面，表现为内在异变和外在异变。内在异变是主观意识和素质的可变性，而外在异变是主体之外的客观事物和行为的可变性。内在异变的因素包括世界观、人生观、价值观、情绪、知识、信仰、道德、决策等。外在异变的因素包括组织、指挥、行动、政治、法律、经济、文化、军事、社会事件、民族矛盾等。异变因素的范围即是异变因素涉及的种类。异变因素的数量即是各异变因素种类的数量之和。如果异变的范围越广，风险范围就越宽；反之则越窄。异常因素的数量越大，风险就越大；反之则越小。比如太平天国和辛亥革命即是清朝政权安全的不稳定因素。太平天国涉及的异变因素范围包括宗教、民族、土地、政权、经济等事项，异变因素数量包括广西、湖南、湖北、江西、安徽、浙江和江苏等地域范围内的人财物，涉及清朝的大半江山。事后，太平天国虽然没有彻底推翻清朝，但是它瓦解了清朝政权的根基，将清朝政权陷入财力枯竭、风雨飘摇的黑暗中。辛亥革命涉及的异变因素范围比太平天国更广，不但包括太平天国涉及的异变因素范围，还涉及国家政权形式，三民主义和自由、平等、博爱的价值观等事项。它涉及的异变因素数量比太平天国更大，包括整个清朝疆域和美国、日本、南洋等地。正因为辛亥革命给清朝政权安全带来的异变因素在范围和数量上远远超过太平天国，最终是辛亥革命推翻了清朝，实行了共和制。

异变因素的不确定性。主体的管理过程中异变因素的产生、发展和壮大是不以个人意志为转移和改变的。表现在主体对异变因素的认识偏差、异变因素的突发性、异变因素的可变性等方面。比如个人受到病毒感染，即是个人身体健康安全的突发性和不确定性的异变因素。比如地震，它即是人类生存和发展安全的不确定性的异变因素。

组织的完整性。通常来说，当组织是一个完整的整体时，影响它的内因和外因彼此处于平衡的状态。组织的完整不但是形式上的完整，而且是实质上的完整，是事物各组织系统合理配置的良好状态。当组织的完整性受到某方面的影响、制约和破坏时，便影响或打破了该组织内在和外在的平衡，风险也就随之而来。组织的结构和状态越完整，其风险越小；反之，风险越大。比如人本来是一个健康和谐的个体，当人的某根手指受到严重的伤害时，由于人的部分身体组织——手的结构受到伤害或破坏，因此带来身体的健康风险。

组织的稳定性。一般来说，组织的完整性往往表现为组织的稳定性。但是，组织的完整性并不完全代表组织的稳定性，组织的不稳定状态有时也是组织完整性的一个方面。组织的完整性侧重于事物的外部形态，而组织的稳定性侧重于事物的内部本质。组织的稳定性是组织自身内部的运行状态。良性的运行状态即是稳定的组织。恶性的运行状态即是不稳定的组织。组织稳定与否，与事物的量变和质变有一定关系，受到量变和质变的影响，但是，它们之间不存在必然的联系。也就是说，量变有时既可以保证组织的稳定性，也可以造成组织的不稳定；质变有时既可以不改变组织的不稳定性，也可以不改变组织的稳定性。其实，组织内部的改变是肯定的，不变是相对的。组织的不稳定性主要体现在组织自身的内在需求总是处于自我更新和变化的过程当中。如何确保组织达到合理的平衡状态，则取决于主体对于组织的引导和控制程度。控制程度越低，组织的稳定性越弱，风险就越大；控制程度越高，组织的稳定性越强，风险就越小。

破坏力的程度。它是主体在管理过程中受到破坏的程度大小。超出组织稳定性的破坏力，能够对组织产生实质的侵害，对组织的完整性形成巨大的侵蚀。破坏力越大，风险就越大；破坏力越小，风险就越小。比如辛亥革命比太平天国对清朝政权造成的破坏力就更大更强，最终破坏了清朝政权的稳定性和完整性。

是什么原因让事物处于不良的状态？安全风险的根源是什么呢？

消极的主观意识。当主体对事物没有一个客观认识时，风险就随之而来。特别是主体在观察和分析事物时，本着消极的负面情绪和消极的思想观念，这种消极的主观意识必会给主体自身带来巨大的风险，甚至是致命的风险。其表现为悲观、绝望、孤寂、落魄、麻痹、放弃等消极心理。职务犯罪案件侦查过程中，发生涉案对象自杀、自残等安全事故，与办案人员在管理过程中麻痹、疏忽等消极的主观意识是分不开的。

被动的客观行为。即是主体被动地应付式地组织和实施管理，在组织、指挥、行动、处置和监督等阶段产生消极行为。消极行为表现为被动应对、手段软弱、措施不力和监督疲软等情形。被动的客观行为即是消极的客观行为，这种行为使主体失去了修正和处置错误的最佳时机，由此给主体带来巨大的安全风险。比如中日甲午战争中清朝的失败，不但有慈禧太后等权贵消极的主观意识原因，还有清政府和海军被动应战、组织混乱、指挥不灵、行动迟缓等原因。

漠视生命价值。尊重和保证生命安全是应对安全风险的首要任务。如果漠视生命存在的价值，不管是对自己还是对他人，都会造成安全风险。漠视生命价值主要体现在堕落和暴力犯罪等方面。堕落是主体为满足某种低级的庸俗的价值需求，对生命造成损害的消极行为。比如吸毒等不良行为，爆炸、放火、故意杀人、故意伤害、抢劫等暴力犯罪行为，既对他人生命健康和财产造成巨大的安全风险，同时也给自身带来生命和自由的巨大的安全风险。

内部瓦解和外部侵袭。事物的产生、发展和灭亡都是其受到内因和外因相互作用的结果。内因是事物存在和发展的根本，也是该事物区别于其他事物的内在属性。内因决定和支配着事物的发展方向。外因是事物发展和变化的条件。外因通过内因起作用。但是，当外因超过事物内因的控制程度时，便会影响、制约甚至破坏内因，改变事物的正常存在和发展，往新生事物的方向发展。内部瓦解是主体自身组织的松散或崩溃，原因或是内部各组织目标的差异，或是价值需求的不同，或是利益分配失衡，或是行动混乱，等等。外部侵袭是主体受到外在力量的制约、影响，甚至伤害或破坏，原因往往是内部与外部各方利益和价值需求的不同，甚至出现巨大的差异。内部瓦解直接引发组织的不稳定，直接造成组织的破碎。外部侵袭极易导致组织的不稳定，也容易造成组织的残缺不全。内部瓦解和外部侵袭两者涉及的面越广，组织的安全风险就越大；两者破坏的程度越大，组织的安全风险就越大。从内部瓦解和外部侵袭的风险大小来看，内部瓦解的风险往往大于外部侵袭的风险，简单地说，就是堡垒的倒塌往往来自内部的瓦解和腐烂。1856 年太平天国发生的天京事变，即是内部瓦解，其给太平天国带来了非常严重的安全风险因素，表现在组织内乱、领导阶层的倾轧和军事力量的急剧下降等方面。从 1863 年开始，曾国藩领导的湘军围困天京，既是外部侵袭，又给太平天国带来了巨大的安全风险因素，表现在太平天国的物质匮乏、补给短缺、孤立无援等方面。最终，太平天国在内部瓦解和外部侵袭的冲击下被镇压。由于己方失误，促使敌人内部组织的紧密度和凝聚力加强，当敌方内部组织强大的同时，就减少了其内部瓦解的安全风险，同时提高了对抗外部侵袭的能力。而己方的这种失误大大提高了敌方侵袭己方的安全风险，无形中加大了己方内部瓦解的风险可能性和现实性。具体事例有清朝奠基者爱新觉罗·努尔哈赤的崛起加速了明朝灭亡。

处置安全因素的方式方法有哪些呢？

具有忧患意识。孟子说，生于忧患，死于安乐。安乐的环境往往隐藏着巨大的安全风险，忧患的环境让人时时警惕着安全风险的威胁。忧患意识是主体对生存危机的潜在认识，包括对自身危机的认识，也包括对外在事物危机的认识。自身危机表现在消极的主观意识、被动的客观行为和内部瓦解。外在危机表现在外部侵袭等外部事物对主体的影响和制约。忧患意识的作用和效果，主要是主体对安全风险预先预测、分析和评判，以免当安全风险出现和来临时，畏惧甚至躲避风险，从而最大限度地减少损失。未雨绸缪和有备无患是忧患意识在生活中的具体体现。

坚持主客观相统一。主观与客观是彼此相连的状态关系。客观决定主观，主观反作用于客观，主观与客观应当是彼此协调，而不应当是巨大的裂痕。当主观不能够适应客观、不能够为客观服务时，主观就没有达到应有的价值。当客观不能够符合主观的需求时，客观与主观之间就会产生裂痕。唯有当主观和客观相互统一时，管理活动才能够达到合理有序的状态，安全风险才会降低。当主观和客观对立或分裂时，主体的管理活动将陷入混乱无序的状态，那么主体的安全风险就会增大。主观是个体认识事物的风险因素和处置风险的策略的意识形态。客观是安全风险即将发生、已经发生或消亡，所经过的风险种类、状态和程度等不以人意志为转移的事物和行为。说到事物的安全性，主体只有精准和科学地认识，并找出事物的发展规律，知道弱点在哪里，才能确保自身行动恰当，才能化解事物的安全风险。一万个设想抵不过一个行动，一万句空话胜不过一个行动。当安全风险出现时，需要主体马上行动，需要用主体的实际行动去控制、弥补或减少风险漏洞。比如说主体有胃病，主观方面需要主体对自身的身体健康状况和胃病的现象和成因有一个科学的认识，同时，最重要的是需要主体马上行动，具体措施为接受治疗和拒绝暴饮暴食，这就是客观方面的表现。简言之，让主体对胃病科学主观的认识与接受治疗、避免暴饮暴食的客观表现有机统一，才能降低主体的健康安全风险。

认识量变和质变的统一。量变是事物在合理范围内的变动，即幅度内的增加或减少。质变是因量变的异化而形成新的飞跃，其实质是改变了事物的本质，形成新的事物。量变比质变引发的安全风险较小。在管理过程中，不管是主体还是管理活动，都应当确保各个事物在合理幅度内进行调整，在稳定已有质变的前提下控制量变，让量变和质变达到有机的统一，才会避免事物性质的急剧改变带来的风险。

重视人格安全。人格是主体的性格、气质、能力等特征的总和。《中华人民共和国民法典》规定，人格权是指民事主体享有的生命权、身体权、健康权、姓名权、名称权、肖像权、名誉权、荣誉权、隐私权等权利。自然人享有基于人身自由、人格尊严产生的其他人格权益。人的安全包括身体机能的健康安全和精神层次的人格安全。为什么要提出人格安全？因为人格安全相对生命健康安全，是个人的精神价值在历史长河中永存的无限安全。人格安全主要表现为名誉、荣誉等精神价值权益的安全。一个人的成就有多大，可以看他为社会贡献的社会价值量。但是，一个人的人格安全不完全体现在他的成就上，而是要经过时间和历史的检验。一个人怎样才算是人格安全呢？当一个人百年后，与世间任何事物都没有一丝一毫关联，任何人都可以对其进行客观公正的评价，那些评价就越来越接近真实。此时，如果对过世人的评论是正面的积极向上的，那么此人的人格风险就小，人格安全就越大；如果评论是负面的消极的，那么此人的人格风险就大，其人格安全就越小。

划分安全价值等级。什么样的安全才是人最需要的呢？中国人遵从修身齐家治国平天下的人生大道，由此可以看到安全等级次序，从低到高依次是个人安全、家庭安全、事业安全、国家民族安全和世界安全。现实生活提示，在创造社会价值和财富时，主体首先是为自己创造生存的物质基础，随后是为家庭积累财富，随后是为国家和民族创造价值和财富。然而，事实上当国家和民族安全难以保障时，就没有主体个人的事业安全；事业安全难以保障时，就没有主体个人的家庭安全；家庭安全难以保障时，就没有主体的个人安全。由此可见，在对待安全价值等级时，选择的次序应当是国家和民族安全、事业安全、家庭安全、个人安全。

安全是所有事项和活动的基本保障。没有安全，任何风险管理都无从谈起。

第二节　风险管理悖论

风险管理需要解决的主要问题是当主体在管理活动中面临各种矛盾和冲突时，如何树立风险意识，通过自己积极主动的行为，去化解各种风险，将各种风险事项控制在一种可控的状态，让它朝着对自身有利的方向发展，最大限度降低风险价值，从而维护自身合法的价值和利益。

可是，当你过于考虑风险，过多纠结对风险管理的认识和评判时，其又会禁锢和束缚你的思想和手脚，造成畏首畏尾、前怕狼来后怕虎，不敢放开手脚去大干一番事业。这可能导致一事无成。同时，过于陷入风险管理，会让你的心理产生排斥和阴影，总认为现实生活无处不存在风险的陷阱，容易滋生和形成焦虑、恐惧、厌世等悲观情绪。

考察和分析风险管理，并不是让你畏惧风险，或是烙上印着风险管理字样的恐惧感的烙印，而是向你提出一个建议，是想提醒你提高风险管理的思想意识，并不是要用风险管理的枷锁和桎梏束缚思想，影响和左右你的行动。

事实上，任何风险在现实的检验和评价中，也有可能会出现有利的局面。鹬蚌相争，渔翁得利。渔翁即是在鹬蚌相争的风险中获取利益一方。本书考察和分析的风险管理，是基于人类固有本性的，以理性文明的心态，客观公正地发现、认识、预判和处置风险隐藏的各种矛盾，以达到趋利避害，最大限度地减少损失，最大限度地维护和获取应得的合法的利益。

然而，现实并不是你个人能够完全改变和主导的。历史车轮往往按照它自身的规律和不规则的曲线发展着前进着。也就是说，如果你重视和考察风险管理，那么它会给你带来预期的利益和成果。但是，由于事物本身的矛盾性和发展的可变性，可能由于外在环境的机遇和巧合，有时又往往出现“意外收获”。所以要辩证地对待风险管理，既要重视和考察事务的风险，又不能自我设限，被风险吓倒。

生存是主体采用风险管理的判断标准。一般来说，主体关注和考察风险管理的前提和目标是为了生存。当个人不能生存时，当组织、政党和国家不能生存时，风险管理也就无从谈起，犹如天空中的一片薄雾，随风而散。也可以这样说，主体为了生存，可以忽视、拒绝甚至抛弃任何潜在或现实的其他风险。

迷信“天命”是逃避风险的借口。古语说“生死由命，富贵在天”，还说“天命难违”。这些都是狭义的消极的思想，也是碌碌无为之人、迷信者自我安慰的“良药”而已。

坚强意志是处置风险因素的战斗堡垒。当主体意志坚如磐石时，可以迈过一切艰难险阻，任何潜在的风险都会闻风丧胆，任何现实的风险都会受到压制；当集体意志精诚团结，坚定果断时，可以战胜一切挫折和困难，任何危险因素都会逃之夭夭。假如你是意志脆弱的懦夫，即使你能分析和预判各种风险因素，同时找到有效的处置手段，但是，终因你意志软弱，由此而面临重重的人生风险。

主体强大是克服风险的保障。强大的实质是主体拥有的综合实力在数量和质量上都达到饱和状态，接近于同类事项等级的最高层次，不但表现为思想上的强大即意志坚定，而且还表现为素质和能力方面的优秀，更表现为行动上的果敢和力量。如果你足够强大，那么就能越过一切困难和障碍，即使前方到处荆棘丛丛，布满地雷沟堑，你依旧勇往直前；即使前方处处魑魅魍魉，你所到之处也会朗朗晴天，阳光明媚。

愚昧是导致和放大风险的重要因素。如果主体愚昧，那么他将彻底无知；又因为他彻底无知，所以他根本不知道也不明白什么是风险；又因为他不知道也不明白什么是风险，所以当风险来临或发生时，他也就不惧怕风险了。当个人认为没有风险时，他就会无法无天，胆大妄为，为所欲为。

盲目的风险管理将产生新的更大的风险。分析考察风险管理，是想提醒人们，风险无处不在。正是因为风险的存在，才让人们学会了如何生存、如何进取、如何斗争。人类与自然斗争的风险目标，是为了获取更多的物质需求；人类与人类斗争的风险目标，是为了获取更多的物质需求和精神需求。研究风险管理的目的是为了提供新的视野和新的思路。但沉迷于所谓“风险管理”之中，却不采取切实的行动，或者过于惧怕风险而裹足不前，畏首畏尾，可能重新给人带来不可预知的风险。

每个人的生命历程，都是一次美丽与丑陋、活力与颓废、坦途与崎岖、伟大与渺小交织并存的生命旅途。风险可能是你的绊脚石，是你的拦路虎。敞开你的心扉，打开你的视野，把风险当作朋友，在你生命旅途中闪光的便是助你吸取经验教训的风险。充分利用风险，化解风险，拿起先贤提供的强大的思想武器，你的人生会更加出彩和成功。

后　记

笔者参加工作以来，一直从事法律实务工作，虽然很难说法律可以规范、调整和修复社会生活的方方面面，但是它确实反映了社会矛盾的千姿百态。任何社会矛盾的发生，对其结果的评判都有可能纳入法律视角的评价体系中。手抚各项政策制度和法律法规，目睹自然、经济、政治、文化、道德、民生、舆论等各个领域的各种风险事件，促使笔者去观察和沉思风险管理问题。观察和沉思风险管理问题的焦点和疑点，是当风险即将来临或已经发生时，如何树立和运用风险管理思维方法，迎难而上，转危为安。从2015年开始，笔者就有意收集这方面的素材和资料。2016年上半年，笔者列出初步的研究提纲。在高强度完成本职工作的情况下，笔者从2016年7月到2018年1月，按照目录提纲，完成了基础性创作文稿。

习近平总书记在十九大报告中指出，要坚决打好防范化解重大风险攻坚战。笔者见先前对风险管理的观察和探讨，正好适应国家的重大部署，便对创作文稿进行了大幅度结构性修改，整理后送湖南省哲学社会科学规划基金办公室申报课题。2018年11月，该研究报告《公共风险管理体系构建与应用研究》被评选为2018

年度湖南省社科基金重点委托项目。2019年，笔者又对报告进行了大量修改和论证，并将报告名称定为《风险管理概论》，送湖南人民出版社评审，2019年11月，通过湖南人民出版社选题立项。2020年上半年，笔者再次对书稿中涉及的观点、论据和论证进行了系统性、科学性的修改和完善。

书稿虽然多次修改，但由于笔者才疏学浅，在历史与现实、理论与实务的交织斗争中，仍持有一些与他人和而不同的看法和意见，此种结构是否合理、观点是否准确、论证是否充分，还有待实践的检验。当然，对同一事项的评判，因每个人观察角度和评价体系的不同，从而得出不同的思维判断和观点，也是可以理解的。因此，一方面请读者海涵笔者的愚见；另一方面祈盼、欢迎各位专家、学者和同仁指正。此书仅作抛砖引玉，笔者将在今后的研究中不断深入探讨，对问题进行修正和完善。

在撰写拙著过程中，笔者先后3次请风险管理领域的理论和实务专家进行评审和指导，多次向领导和同行请教和学习，多次听取挚友和亲人的意见。在此，衷心感谢曹兴教授、曾海平主任、孙昌军先生、雷忠胜先生、欧阳章柱先生、李伟先生、李中藩先生和肖建华女士的支持和帮助，感谢一直以来对笔者进行关心和鼓励的各位领导、同行和朋友。

李太斌

2020年11月

参考文献

[1] 毛泽东选集.北京：人民出版社，1991.

[2] 中共中央宣传部.习近平新时代中国特色社会主义思想学习纲要.北京：学习出版社，人民出版社，2019.

[3] 陆善功，王道君.马克思主义哲学基础知识.北京：中央广播电视大学出版社，1987.

[4] 王周伟.风险管理.北京：机械工业出版社，2011.

[5] 刘钧.风险管理概论.北京：清华大学出版社，2013.

[6] 谢希钢.管理学原理.长沙：湖南科学技术出版社，2006.

[7] 薛国庆.风险决策过程中的内隐心理研究.上海：上海三联书店，2011.

[8] 王健康，徐沈新.风险管理原理与实务操作.北京：电子工业出版社，2015.

[9] 谷明淑.自然灾害保险制度比较研究.北京：中国商业出版社，2011.

[10]曹兴.基金激励机制与投资行为研究.北京:科学出版社，2014.

[11]孙昌军.现代企业法律风险防范指导.长沙：湖南人民出版社，2010.

[12]中共中央党史研究室.中国共产党的九十年：新民主主义革命时期.北京：中共党史出版社，党建读物出版社，2016.

[13]中共中央党史研究室.中国共产党历史.北京：中共党史出版社，2011.

[14]孙中山.三民主义.北京：九州出版社，2011.

[15]张树军，张军锋.建党.长沙：湖南人民出版社，2011.

[16]何沁.中国革命史.武汉：武汉大学出版社，1990.

[17]司马迁.史记.长沙：岳麓书社，2001.

[18]吴晗.吴晗论明史.天津：天津人民出版社，2015.

[19]尹晋华.法律的真谛.北京：中国检察出版社，2005.

[20]张翠容.另一片海：阿拉伯之春、欧债风暴与新自由主义之殇.桂林：广西师范大学出版社，2015.

本作品中文简体版权由湖南人民出版社所有。
未经许可，不得翻印。

图书在版编目（CIP）数据

风险管理概论 / 李太斌著. —长沙：湖南人民出版社，2021. 5
ISBN 978-7-5561-2343-8

Ⅰ. ①风… Ⅱ. ①李… Ⅲ. ①风险管理—概论 Ⅳ. ①F272.35

中国版本图书馆CIP数据核字（2020）第022219号

FENGXIAN GUANLI GAILUN
风险管理概论

编 著 者：李太斌
责任编辑：夏光弘
装帧设计：谢俊平
责任印刷：肖 晖
责任校对：谢 喆

出版发行：湖南人民出版社有限责任公司［http://www.hnppp.com］
地 址：长沙市营盘东路3号
邮 编：410005
经 销：湖南省新华书店

印 刷：湖南贝特尔印务有限公司
版 次：2021年5月第1版
2021年5月第1次印刷
开 本：880 mm × 1230 mm 1/32
印 张：8.875
字 数：180千字
书 号：ISBN 978-7-5561-2343-8
定 价：32.00元

营销电话：0731-82221529（如发现印装质量问题请与出版社调换）